众筹

互联网权威融资之道

■ 闫岩/编著

台海出版社

图书在版编目(CIP)数据

众筹:互联网权威融资之道 / 闫岩编著. —北京:台海出版社,2015.11

ISBN 978-7-5168-0758-3

Ⅰ.①众… Ⅱ.①闫… Ⅲ.①互联网络–应用–融资–研究 Ⅳ.①F830.45

中国版本图书馆 CIP 数据核字(2015)第 253358号

众筹:互联网权威融资之道

编　著:闫　岩

责任编辑:王　萍

装帧设计:虞　佳　　　　　版式设计:通联图文

责任校对:吕彩云　　　　　责任印制:蔡　旭

出版发行:台海出版社

地　址:北京市朝阳区劲松南路1号，邮政编码:100021

电　话:010-64041652(发行,邮购)

传　真:010-84045799(总编室)

网　址:www.taimeng.org.cn/thcbs/default.htm

E-mail:thcbs@126.com

经　销:全国各地新华书店

印　刷:北京柯蓝博泰印务有限公司

本书如有破损、缺页、装订错误,请与本社联系调换

开　本:710mm×1000 mm　　　1/16

字　数:182千字　　　　　　印　张:14

版　次:2016年5月第1版　　印　次:2016年5月第1次印刷

书　号:ISBN 978-7-5168-0758-3

定　价:36.00 元

PREFACE

前 言

1

众筹的概念源自国外"crowdfunding"一词，泛指集中大众的资金、能力和渠道，为小企业、艺术家或个人进行某项活动等提供必要的资金援助。众筹最初是艰难奋斗的艺术家们为创作筹措资金的一个手段，现已演变成初创企业和个人为自己的项目争取资金的一个渠道。

天使投资人、云筹创始人谢宏中表示，众筹是一个"应筹而生、为筹所有"的投资过程，其中汇聚着广大投资者的认可和参与。

而众筹的核心是股权众筹。

股权众筹，作为一种创新融资模式，由美国网站Kickstarter的实物众筹演变发展而来。借助互联网服务平台，它不仅能够直击小微企业融资难、融资贵的痛点，也彻底改变了天使投资人挨个寻找项目的原始模式。

互联网强大的创新力，加上全民创业潮的兴起，加速了股权众筹的火爆，天使汇、众筹网、大家投等一大批股权众筹平台推出后迅速得到资本市场的认可，不仅为很多初创优质项目打开了新的融资思路，也为我国需求旺盛的天使投资人建起了项目聚合平台，推动了项目与资本的嫁接。

2

综合专家的观点，股权众筹具有以下颠覆意义。

一是动了"精英创业"的奶酪，掀起真正"草根创业"的大潮。创业是高资金投入、高智慧投入、高管理投入、高风险系数的事情，多数情况下失败的几率远远大于成功的几率。一直以来，只有精英与富家子弟才创得起业。众筹时代的到来，哪怕你只是一介草根，只要你有了足够的商业运营能力和创新的产品或模式，你就可以启动创业，其他的资源与资金，甚至包括团队，都可以通过众筹得来。筹与借、买、招的区别是，筹来的东西既不必付钱，也无债务负担，给参与者的是权益回报。

二是众筹动了"富人投资"的奶酪，掀起真正"大众投资"的大潮。股权投资一直以来是富有的高净值人士专属权利，特别是投资于创业企业的原始股份，更是少数有钱人才能玩的游戏。传统的天使投资必须要具备"看得中、投得起、帮得上"三个条件。众筹则采用"专业领投+大众跟投"的模式，大大降低了早期股权投资的门槛，过去一笔融资100万元的项目，只有拿得出100万元的人才能投得上。通过众筹，可能只有几万元现金投资能力的普通民众也有机会参与这样的项目。

三是众筹动了"资源中介"的奶酪，让创业服务与资源输入更扁平直接。当今社会的资源，要被创业者使用大都需要通过中介、特别价值变现渠道、人脉疏通。而通过众筹，这些需求有可能轻松解决。因为在众筹的过程中，拥有这些资源的人可能会成为众筹项目的股东，股东为了提高收益机会，为投资企业服务，都是直接的、免费的，最多付出一些硬性成本。这样，众多创业企业获得服务和资源输入的通道直接、结构扁平、效率高、成本低。一大批靠资源中介与卡位变现者，都会在众筹面前失去光环。

3

股权众筹，虽然降低了大众参与投资的门槛，但其特点也决定了它在高收益的同时伴随着高风险，譬如初创项目成功率低、普通投资人缺乏专业投资知识、政策风险等等。

对股权众筹平台而言，风险管理是核心。政策未定，最大的难点在于风控。对创业者来说，应该说股权众筹的风险是相当高的，一般投资者或者没有投资经验的投资者难以发现、承受如此高的风险——如有限合伙的退出机制问题、不良公司的恶意融资等等。但，股权众筹也是新兴互联网金融的代表，对于提高融资效率、鼓励创业发挥着重要的作用，国外良好的经验也给我国提供了借鉴，只要制度落实、监管到位，众筹的风险是可控的。

因此，我们编写此书，希望年轻人能抓住机会，将梦想落地，未来的股权众筹将更为贴近创业类群体，也更为贴近用户的生活场景。也许，下一个具有成长性的股权众筹项目，就发生在你身边的生活、商业和社交场景中。

如果创业者能够认认真真体验创业，借助网络平台的好创意、好项目，青年距离实现创业梦想的道路已不再遥远！

CONTENTS

目 录

CONTENTS

目 录

目 录 CONTENTS

CONTENTS

目 录

第一章

入门必读

——众筹的前世今生

众筹的起源和类别

众筹的概念源自国外"crowdfunding"一词，泛指集中大众的资金、能力和渠道，为小企业、艺术家或个人进行某项活动等提供必要的资金援助。众筹最初是艰难奋斗的艺术家们为创作筹措资金的一个手段，现已演变成初创企业和个人为自己的项目争取资金的一个渠道。

作家凯文·凯利在《技术元素》一书中提到，小众艺术家难以从长尾市场获益，反而加剧了竞争和无休止的降价压力。艺术家逃离长尾市场的一个办法，是找到1000名铁杆粉丝，无论艺术家创造出什么作品，这1000名铁杆粉丝都愿意付费购买，艺术家由此解决基本的经济问题。"取悦铁杆粉丝令人心情愉快、精力充沛。它能通过物质回报，让艺术家保持真实，专注于自己工作的独特之处，即铁杆粉丝所欣赏的品质。"

事实上，铁杆粉丝仍属于长尾市场的范畴，关键之处在于通过网络聚合作用，从一般粉丝中筛选出铁杆粉丝，并通过方便的通信方式与铁杆粉丝保持直接、紧密联系，使铁杆粉丝始终保持死忠状态，二者形成共生关系。《技术元素》提到：20岁的古典女高音歌唱家阿米莉亚（Amelia）在Fundable网站上预售自己的第一张CD，计划筹款400美元，最终筹得940美元。此后，阿米莉亚决定让粉丝帮忙，筹集下一张专辑所需的75000美元专业录音费用。

"粉丝"集体赞助艺术家的模式，在世界各国都有悠久历史。进入互联网时代，2001年上线运营的ArtistShare网站就开始帮助艺术家踏上寻找1000个铁杆粉丝之旅。Fundable与这个网站一样，被称为众筹平台，共同践行着所谓的"粉丝经济学"。

因此，众筹与众包分享同样的特征，主要体现于基于网络、面向非特定人群、公开、广泛。众筹项目通过互联网网站公开展示，浏览该网站的所有人群，均可根据自己的经济实力、兴趣爱好、专业特长、生活需求对这些项目进行赞助、支持和投资。单人的投资额很小，经过大量用户的汇集，总投资额却可能很可观，从而能够积沙成塔，帮助急需资金的个人或组织迅速获得低成本的资金来源。

商品众筹、股权众筹和债权众筹

众筹模式中，以筹资人（一般称项目发起人）向投资者（或称支持者）提供的回报类型为基准，可以把众筹划分为商品众筹、股权众筹和债权众筹，在这三者中：

商品众筹鼓励了个人和小型创业团队的创意和创新行为。这些创意或创新经常充满失败风险，很难利用传统融资渠道，在熟人圈子中获得充足的启动资金。众筹平台汇集了一批支持创新、鼓励创意的人群，普遍具备宽容、乐观、慈善精神，其投资兼具商品预购与资助、捐助性质，旨在帮助普通人实现梦想，显著降低了创业团队的心理与经济压力，有助于促进其创意和创新，促进整个社会创新氛围的建设。

股权众筹可促进初创型企业的发展，帮助解决小微企业普遍存在的融资难题。而作为普通个人投资者，传统上被排除于企业投资之外，难以支持初创企业，也无法分享初创企业的成长收益，股权众筹同时解决了资金供需双方的问题，当然由此引起的风险也值得关注。

债权众筹，其受益对象一般为个人或小微企业主，这些人同样被排斥于传统金融服务之外，借由众筹平台（具体的说是P2P借贷平台）形成的融资通路，他们终于可以享受正当的金融权利，由此改善生产经营、解决燃眉之急，并逐渐积累信用，作为最终融入现代金融服务体系的基础。

因此，互联网众筹模式既提高了普通主体参与创新、金融的广度，体现出强烈的普惠价值，又提高了参与深度，促进投融资双方形成平等、自由、协作的契约精神。由此激发的社会价值，展现出一个更加开放、扁平、去中心化的互联网社会与经济轮廓，是众筹模式带来的更大启发。

股权众筹的基础知识

股权众筹的起源可追溯至2012年4月，美国总统奥巴马签署了《初创期企业推动法案》（即JOBS法案），允许小企业在众筹融资平台上进行股权融资，不再局限于实物回报。

2009年众筹在国外兴起，2011年众筹开始进入中国，2013年国内正式诞生第一例股权众筹案例，2014年国内出现第一个有担保的股权众筹项目。2014年5月，明确证监会对于众筹的监管，并出台监管意见稿。

众筹在国内处于风口，股权众筹也逐步得到社会的认同，目前平台数量已经达到数十家，且不断有新的平台涌现。

企业在股权众筹平台上的融资额度一般为50万～500万元，出让的股权一般不超过30%；"领投+跟投"是主流模式，募资完成后会设立专门的有限合伙企业持有股权。

股权众筹平台的收入来源是向融资方收取一定比例的费用或股权。

股权众筹从是否担保来看，可分为两类：无担保股权众筹和有担保的股权众筹。

无担保的股权众筹是指投资人在进行众筹投资的过程中没有第三方的公司提供相关权益问题的担保责任。目前国内基本上都是无担保股权众筹。

有担保的股权众筹是指股权众筹项目在进行众筹的同时，有第三方公司提供相关权益的担保，这种担保是固定期限的担保责任。但这种模式国内目前只有贷帮的众筹项目提供担保服务，尚未被多数平台接受。

股权众筹的特点

1.股权众筹是一种便利的筹资工具

股权众筹简化了小型企业的融资程序，降低了投资机构交易的门槛，减少了发行公司的交易成本和融资成本，也加强了对参与交易的中介机构的监管，并向中介渠道分散了部分监管职责，要求中介渠道提高对投资者的透明度。股权众筹模式高度体现了互联网金融的特征：去中心化、点对点直接交易。如果运行顺利，将改善我国天使投资环境，大大节省中小微企业的融资成本，也开拓了投资新渠道。

2.股权众筹直接切中小微企业的融资需求

小型公司非公开的融资渠道很少，监管很严，而小型企业上市融资的成本很高。股权众筹的出现正是迎合了这些小企业的融资需求。

3.股权众筹可能涉及较大风险

目前在国内创业风险很大，很多投资都无法回收成本，90%的股权投资很可能都是打了水漂。而在大多数中国人看来，更喜欢P2P类的投资。国内对股权类型投资的认识程度还不够，需要有更多的教育普及，未来股权众筹才有更大的发展空间。

4.股权众筹是一个专业性较强的投融资方式

对于投资者而言，选择好的项目，至关重要。即使有一个好的投资项目，还需要领投人，甚至平台，来参与一定的投资管理，帮扶项目的成长。在国外的众筹平台上，平台方会对项目的估值、信息披露、融资额等情况进行审核，只有通过审核的项目才能够开始筹资。

股权众筹的运营模式

中国的股权众筹平台按运营模式可分为凭证式、会籍式和天使式三大类。

1.凭证式众筹

凭证式众筹主要是指在互联网通过卖凭证和股权捆绑的形式来进行募资，出资人付出资金取得相关凭证，该凭证又直接与创业企业或项目的股权挂钩，但投资者不成为股东。

2012年，淘宝出现一家名为"美微会员卡在线直营店"的店铺。该店店主是美微传媒创始人朱江。该店铺主要销售会员卡，但这不是普通的会员卡，购卡者不仅可以享有"订阅电子杂志"的权益，还可以拥有美微传媒原始股份100股。购卡者手中持有的会员卡即原始的股票。美微传媒想通过这样的方式募集闲散资金。美微传媒股权众筹之初，有不少参与者。后来，监管部门叫停，美微传媒也将这些卖出的股权又收了回来。2013年3月，一植物护肤品牌"花草事"高调在淘宝网销售自己公司原始股：花草事品牌对公司未来1年的销售收入和品牌知名度进行估值并拆分为2000万股，每股作价1.8元，100股起开始认购，计划通过网络私募200万股。股份以会员卡形式出售，每张会员卡面值人民币180元，每购买1张会员卡赠送股份100股，自然人每人最多认购100张。

需要说明的是，国内目前还没有专门做凭证式众筹的平台，上述两个案例筹资过程当中，都不同程度被相关部门叫停。

2.会籍式众筹

会籍式众筹主要是指在互联网上通过熟人介绍，出资人付出资金，直接成为被投资企业的股东。国内最著名的例子当属3W咖啡。

2012年，3W咖啡通过微博招募原始股东，每个人10股，每股6000元，相当于一个人6万元。很多人并不是特别在意6万元钱，花点小钱成为一个咖啡馆的股东，可以结交更多人脉，进行业务交流。很快3W咖啡汇集了一大帮知名投资人、创业者、企业高管等如沈南鹏、徐小平数百位知名人士，股东阵容堪称华丽。

3W咖啡引爆了中国众筹式创业咖啡在2012年的流行。没过多久，几乎每个规模城市都出现了众筹式的咖啡厅。应当说，3W咖啡是我国股权众筹软着陆的成功典范，具有一定的借鉴意义，但也应该看到，这种会籍式的咖啡厅，很少有出资人是奔着财务盈利的目的去的，更多股东在意的是其提供的人脉价值、投资机会和交流价值等。

3.天使式众筹

与凭证式、会籍式众筹不同，天使式众筹更接近天使投资或VC的模式，出资人通过互联网寻找投资企业或项目，付出资金或直接或间接成为该公司的股东，同时出资人往往伴有明确的财务回报要求。众筹平台主要发挥线上展示项目和线下撮合的功能。交易也都在线下完成，主要是专业投资人参与，有时一两个人投，有时三四个人投。本质上是把VC投资前端找项目的环节搬到了网上，但好处是这样的模式解决了项目和资金方信息不对称的问题，也消除了地域限制，让更多的创业者有机会找到风投、融到资金。确切地说，天使式众筹应该是股权众筹模式的典型代表，它与现实生活中的天使投资、VC除了募资环节通过互联网完成外，基本没多大区别。但是互联网给诸多潜在的出资人提供了投资机会，再加上对出资人几乎不设门槛，所以这种模式又有"全民天使"之称。目前大多数股权众筹平台都是这种模式，以天使会，大家投、原始会、好投网等为代表。

目前，股权众筹投资典型流程如下：

1.明确预约融资额范围确定可转让的股权

小微企业或创意项目的发起人首先必须确定预约融资额度和拟出让的股份，设定融资额度的范围以及相应的股权出让比例，并设定可接受范围内的拟筹资金额、可让渡的股权比例及筹款的截止日期；同时根据这些因素制作好股权众筹项目策划书或股权众筹商业计划书；然后向众筹平台提交股权众筹项目策划书或股权众筹商业计划书。

2.众筹平台审核股权众筹项目策划书或股权众筹商业计划书

众筹平台审核小微企业或创意项目的发起人所提交的股权众筹项目策划书或股权众筹商业计划书，审核的范围具体包括但不限于真实性、完整性、可执行性以及投资价值等。

3.众筹平台发布股权众筹信息

众筹平台审核通过后，即在网络上登载发布股权众筹信息，披露小微企业或创意项目的发起人所提交的股权众筹项目策划书或股权众筹商业计划书。

4.领投人或众筹平台对股权众筹项目进行尽职调查

股权众筹项目的投资最好有个领投人，便于将来参与股权众筹项目的经营管理或监督，规范运营。对于众筹项目，考虑到投资安全，防范投资风险，最好由领投人对股权众筹项目进行尽职调查。

如果没有领投人，则应当先由众筹平台对股权众筹项目进行初步的尽职调查。

5.众筹平台的会员或用户浏览股权众筹信息及领投人（或众筹平台）的尽职调查后，确定预约投资意向

众筹平台的会员或用户，在浏览完毕股权众筹信息后，可以通过线上了解、线下接触或路演的方式对股权众筹项目进行充分了解，确定是否参与股权众筹项目的投资预约，并在目标期限内承诺或实际交付一定的保证金给众筹平台确定的资金托管机构（可能是商业银行或第三方支付机构）。

6.期限届满，确定股权众筹预约完成或失败

股权众筹目标期限截止，预约筹资成功的，出资人与筹资人签订相关协议，支付股权投资款项给众筹平台确定的资金托管机构，办理相关股权变更登记手续，再由资金托管机构将全部的股权投资款项支付给进行股权众筹项目的小微企业；筹资不成功的，资金退回各出资人。

股权众筹的投资方式

股权众筹的参与主体

股权众筹运营当中，主要参与主体包括筹资人、出资人和众筹平台三个组成部分，部分平台还专门指定有托管人。

筹资人。筹资人又称发起人，通常是指融资过程中需要资金的创业企业或项目，他们通过众筹平台发布企业或项目融资信息以及可出让的股权比例。

出资人。出资人往往是数量庞大的互联网用户，他们利用在线支付等方式对自己觉得有投资价值的创业企业或项目进行小额投资。待筹资成功后，出资人获得创业企业或项目一定比例的股权。

众筹平台。众筹平台是指连接筹资人和出资人的媒介，其主要职责是利用网络技术支持，根据相关法律法规，将项目发起人的创意和融资需求信息在网上发布，供投资人选择，并在筹资成功后负有一定的监督义务。

托管人。为保证各出资人的资金安全，以及出资人资金切实用于创业企业或项目和筹资不成功的及时返回，众筹平台一般都会指定专门银行担任托管人，履行资金托管职责。

个人直接投资

这种投资方式与网上购物类似，投资者直接浏览平台上列出的可投资项目，然后挑选个人认为有潜力的企业进行投资。筹资项目成功，投资者支付资金后，包括转让协议、股权凭证在内的文件都通过众筹平台的电子化程序进行处理。当然，与购物时关注产品的型号、性能

9

不同，投资者此时需要关心的是企业创始人的背景、行业情况、主要产品、发展潜力，在此基础上综合做出风险收益分析。

如果项目投标满额，投资者会收到股权证明、投资协议书等纸质文件，以证明投资者作为股东的身份和未来收益凭据。一般情况下，众筹平台都会委托专门的投资公司或者律师事务所来处理文件内容。

例如Crowdcube聘请了Ashford LLP来处理合同和股权手续。筹款结束后Ashford LLP会先给投资者发送电子邮件，投资者在七天之内可以提出问题或者撤回资金。最终确定之后，投资者会收到纸质版的文件。

个人直接购买股份的方式对于投资人的要求比较高，投资人必须要对项目非常熟悉，具备一定的行业经验。平台上一般会提示投资风险，强烈建议投资者采取小额单笔投资，多样化行业项目的方式分散风险。有些平台还会代表投资者持有股份和管理投资，投资者可从平台及时得到投资反馈和企业的发展状况，公司发放分红或者转让股份同样由该平台转移给投资者。这样就免去了同时持有多个公司股票的投资者的繁琐日常管理事务，当然，平台会收取一定的管理费用。

集合投资

单独投资对于投资人的专业知识要求较高，而筹资人也往往会遭遇一个又一个投资者的单独调查和咨询，需要付出大量的精力和时间进行交流。为了加快筹资进程，让专业投资者和普通投资者更好地分配时间与精力，提高众筹的效率，股权众筹平台开始引入了一种"领投+跟投"的制度，俗称"领投人"制度。

"领投人"制度的普遍性特点是指定一名具备资金实力、投资经验或某方面专业技能的人员充当投资的领导者与协调人，其他投资人追随领投人进行投资。较早实施这种制度的是国外著名的股权类众筹平台AngelList，称为辛迪加（Syndicates）。

其运作原理是如果某个投资人对某个项目感兴趣，可以创建一个辛迪加，自己投出该项目所需的部分资金，然后通过自己的社交网络、人际圈子，快速募集剩下的资金。在这种模式下，辛迪加的组织者承担着类似于VC的职责：发掘项目、识别风险。与此同时，他也享有额外的好处：第一是杠杆效应，组织者通过自身资金撬动更大一批资金；第二是附加收益，由于组织者承担了组织工作，可以多得一部分股权或收益；第三，组织者拥有更大的议价权和影响力，甚至可与筹资人签订协议，担任公司重要股东，参与公司的管理。

参加辛迪加的其他投资者相当于投资了一个无年费的风险投资基金，他们往往信赖组织者的专业经验，愿意把自己的资金投入辛迪加的项目中，这种方式省却了投资者在挑选项目、后续管理方面的时间和精力。另一方面，这种方式突破了最低投资额限制，

辛迪加机制使得"贫穷"的投资者可以成为公司的股东，这也是投资者投资陌生行业的讨巧方法。辛迪加模式客观上要求组织者具备较强的能力，例如：创投经验、声誉、号召力和社交能力等。因此，知名的天使投资人在辛迪加模式中大受欢迎，初创企业也更愿意接受明星级别投资人的投资，一方面知名投资人能使项目获得高度关注；另一方面，能帮助企业在短时间内筹集到预定目标的资金。

以国内的天使汇在领投人规则中对领投人的资格要求为例——"在某个领域有丰富的经验，独立的判断力，丰富的行业资源和影响力，很强的风险承受能力；能够专业地协助项目完成BP、确定估值、投资条款和融资额，协助路演，完成本轮跟投融资。"这实际上是一个很高的门槛。

领投人获得报酬的方式类似于传统的基金分成，投资者最终的回报中将分出10%～20%给予组织者，具体比例视乎项目而定。另外，领投人一般还会得到额外的股权奖励，数目由创业企业与领投人协商决定。从这个意义上，领投人相当于一个不隶属任何公司、组织的基金管理人，分享项目分成。

为了实现集合投资，领投人和跟投人通常会签订管理协议确定双方的权利和义务。如果人数较多或者股权协议比较复杂，双方也可以成立合伙企业，以SPV等形式来参与企业的管理中。有限合伙企业把投资人聚集在一起共同投资初创项目，在法律关系上更为清晰。

有限合伙制这种特殊的企业形式有效解决了投资者与创业企业之间的权、责、利问题：（1）一般合伙人与创业者进行沟通、交流，普通合伙人作为出资方享有重大事项的投票权，但不用参与一般性事务；（2）这种制度最大程度上保障了投资者和创业者双方的利益——创业者得到必需的资金，日常业务不会受到过分干扰；有一般合伙人的监督和交流，普通投资人的风险降低，同时无需投入过多精力。

国外众筹平台代表

截至2013年6月，根据Crowdsoucing.com的统计数据，全球共近2000多家活跃的众筹平台在运营，大部分分布在北美地区和欧洲地区。这些平台合计募集了近百亿美元的资金，并支持了超过300万个项目。

根据项目所提供的筹款回报来划分，众筹分为四类：股权众筹融资、债务众筹融资、奖励众筹融资和捐赠众筹的方式融资。

其中，奖励众筹融资占众筹融资平台的数量最大，并且保持较快的复合增长率，复合增速达79%；而债务众筹融资在众筹融资平台的占比最小，复合增速为50%；股权众筹融资则保持最快的复合增长率，达到114%，主要在欧洲呈现高速增长。在筹资效率上，财务回报型的众筹平台——股权众筹融资和债务众筹融资在诸如应用软件和电子游戏开发、电影、音乐和艺术领域表现得非常有效率。其中债务众筹平台的融资效率最高，该类平台上的项目从发起到完成募集的时间只有股权众筹和捐赠众筹的一半。而股权众筹则在筹资规模上突出，超过21%的项目的融资额都超过250000美元，只有6%的项目所筹集的资金规模小于10000美元。股权众筹也因此成为中小企业融资的一种可行的替代方式。

其中以奖励众筹融资和捐赠众筹融资为主的公益性众筹平台主要是迎合资金提供者的个人精神诉求，比如环境保护、社区活动等。这类平台融资的规模通常比较小，三分之二的项目融资的资金都少于5000美元，只有10%的项目融资规模超过10000美元，剩下的17%的融资规模在5000～10000美元之间。

目前，国外运营最成功的众筹平台是创立于2009年的Kickstarter。其创始人Perry Chen曾因为资金问题被迫取消了一场筹划中的新奥尔良爵士音乐节上举办的音乐会，这让他非常失落。于是，为了帮助和他有一样经历的人走出困境，他开始筹建这个募集资金的网站。

Kickstarter的运营模式，是由筹资人提出其创意构思或产品概念，然后由Kickstarter通过视频、文字或图片向投资者发布该信息，作为其做出投资决策的基础。如果总的投资金额达到目标金额，筹资人便可用这笔钱进行产品的开发和生产，而Kickstarter则向其收取5%的筹资额提成。

在盈利模式上，众筹平台主要通过向筹资者收取一定的交易费用（佣金）来获取收益，佣金的数额按支付给筹资者资金的一定比例来确定，支付比例从最低的筹资规模的2%到最高的25%不等。其中北美和欧洲由于众筹平台之间的竞争程度较高，平均佣金比例为7%，低于世界其他国家8%的平均水平。此外，众筹平台还有一部分收入来源于向投资者收取的固定费用，大约是每个项目15美元的平均水平。

2008年的全球金融危机对世界经济产生了巨大冲击，欧美银行业的惜贷行为加剧了中小企业的融资困境。这种背景下，融资门槛低、效率高的股权众筹模式应运而生，并迅速获得了市场认可，众筹平台不断涌现，其中以英国的Crowdcube、美国的AngelList、WeFunder最具代表性。

Crowdcube

Crowdcube于2011年2月正式上线，是全球首家股权众筹平台，主要为初创企业募集资金。截至2014年7月10日，Crowdcube共为131个项目成功融资，筹资总额超过3000万英镑，投资者达8万余人。

为提高融资效率，Crowdcube制定了一套标准化流程：融资方首先提出申请，对项目相关情况进行细致描述，并制作融资计划书，主要说明拟转让的股权比例、目标融资金额、股权类型（A、B两类，A类有投票权）、筹资期限。

Crowdcube进行真实性审核后，安排项目正式上线。投资者根据偏好对项目进行筛选，并可通过Crowdcube以及Facebook、Twitter等社交网络，与融资者直接交流以做出投资决策。根据规定，投资者最低出资额为10英镑，无最高额限制。募集期满后若融资成功，Crowdcube与其合作律师事务所将会同发起人完善公司章程等法律文件，并发送给投资者确认，投资者确认后，资金将通过第三方支付平台转账到融资方账户，投资者收到股权证明后即完成整个融资流程。若募集期未满而投资总额已达到融资目标，发起人可以增加目标金额，继续融资。目前，Crowdcube免收会员费、项目发起费，但融资成功后将向融资方收取500英镑的咨询管理费以及融资总额的5%作为手续费。

AngelList

AngelList成立于2011年，至今已经为一千多家初创企业成功融资，总额超过3亿美元。AngelList创建之初更像是一个连接初创企业和投资者的社交网站——企业通过AngelList在线展示创意和项目，如果投资者感兴趣，双方一般会选择线下接触和谈判，达成意向后，AngelList帮助双方生成融资所需的相关法律文件，除此之外，所提供的服务非常有限。2012年，美国股权众筹市场迅速膨胀，AngelList抓住时机完善了线上服务内容，使得投资者可以一站式完成股权投资，良好的客户体验有效提升了AngelList平台的知名度。

2013年，AngelList在平台上推出"辛迪加"（Syndicates）模式，由一名专业投资者作为项目领投人，并负责联合其他投资者跟投，项目筹资成功后，由领投人负责管理股权资金，监督项目实施，以帮助跟投人盈利。作为回报，领投人可以从跟投人最终的投资收益中提取5%～15%的佣金，而AngelList则收取5%的服务费。这种"辛迪加"模式与VC的机制颇为相似，不仅能够激励领投人发挥专业技能和人际资源，而且可以降低非专业跟投人对项目的顾虑，进而使得整个融资流程更加高效。"辛迪加"上线不久，AngelList又推出"拥护者投资"（Backers）模式，该模式的运作主要是基于普通投资者对领投人的信任。具体而言，某个领投人公开表示愿意出资进行股权投资，但是投资项目不确定，如果其他投资者信任该领投人，即可进行跟投，筹资成功后，回报机制与Syndicates基本相同。

WeFunder

WeFunder创立于2012年1月，主要为科技型初创企业提供融资服务。与一般股权众筹平台不同的是，WeFunder在整个融资过程的介入程度更深。

根据流程，WeFunder接到项目发起人提交的上线申请后，会组织专业人员对其进行深入调研，了解信息真实性和项目价值。这种严格的审核方式虽然限制上线速度，但却提高了项目质量和融资成功概率，在已经完成融资的项目中，多数筹款达到了数百万美元。项目被允许公开融资后，若投资者有意向，则将资金直接转入WeFunder专设的项目资金托管账户，并可在融资期限内随时要求撤回资金。在项目融资成功后，WeFunder会将所有投资该项目的资金集中起来成立一个专项小型基金"WeFund"，通过该基金入股创业企业。基金成立后由WeFunder的专业投资顾问负责运作和管理，并代行所有投资者的股东权力。对融资方而言，所有投资者只相当于一个集体股东。根据WeFunder提供的法律合同，在项目实施过程中，投资者不能要求退出或转让，而是由负责"WeFund"基金的专业顾问自行决定何时转让集体股权以及向投资者分配收益。WeFunder在融资成功后收取2000至4000美元的项目管理费，以支持"WeFund"基金的日常运作。如果最终成功退出项目，WeFunder将再度分享投资收益的10%。在"WeFund"模式中，对投资者专业知识要求不高，只需其足够信任。

WeFunder专业团队的管理水平和职业道德。这种模式创立以来受到了市场欢迎，为很多项目筹集了充裕的资金，其中，仅飞车（FlyingCars）项目就筹得3000万美元。

欧盟众筹市场现状

众筹在欧洲与小微企业发展和振兴经济密切相关，尤其是股权模式和借贷模式，凭借其直接将投资者和企业连接起来的新型融资形式，为欧洲小微企业摆脱困境提供了重要途径。目前，欧盟各国的众筹活动呈多样化和规模化发展趋势，监管者的焦点主要集中在涉及金融和投资的众筹服务，然而由于不同国家众筹的市场情况和需求存在差异，各国的监管标准也很不一致。欧盟若想形成对众筹市场建立一个统一的监管标准，任重而道远。

在欧洲市场中，众筹与小微企业发展和重振市场密切相关。欧盟已将众筹纳入"2020战略"，将之视作提升就业水平和欧洲企业发展的新型而重要的途径，必须大力推广和发展众筹平台，以实现欧盟到2020年的经济发展战略目标。众筹在欧洲各国发展迅速，不仅产生了多样的模式，而且规模也逐渐扩大，进入了监管者的视线，各国政府在鼓励众筹的发展的同时，也需要应对各种潜在问题。

欧洲对众筹的定义

目前，众筹在欧盟范围内还没有形成一个统一的定义。欧盟委员会的表述是"一种向公众公开地为特定项目通过网络筹集资金的行为"；英国金融行为监管局的表述是"一种人们可以通过在线门户（众筹平台）为了他们自己的活动或企业进行融资的方式"；法国则将众筹重新命名为"参与性金融"，"是一种允许以为一个创新项目或企业融资为目的，向一大群人筹集资金的金融机制，主要通过网络进行"；意大利则将众筹的概念局限在创新企业融资的语境范围内，是一种"创新初创企业通过网络门户筹集风险资本"的金融活动，类似俗称的股权众筹。

在这些表述中，欧委会的定义最广，基本涵盖了所有类型的众筹活动，无论众筹的目的和性质；英国和法国的定义在一般项目性筹资的基础上，都强调了"企业融资"，明确了众筹既可以具有非营利性也可以具有商业性或金融性；而意大利的定义最狭义，众筹的目的就是企业融资。可见，欧洲的组织、国家政府或主管部门对众筹的认识并不完全一致。但综合看来，还是可以总结出众筹的三大关键因素：即以广泛的公众为对象、在线参与，以及将投资者和用资者联系在一起的网络平台。

欧盟市场主要众筹模式

在欧盟众筹市场中，现有的众筹模式主要分为三种：

股权模式，个人向公司或项目投资，以其盈利或收入的份额为回报；

借贷模式，向公司或一个项目放贷，以本金和约定的利息为回报；

捐助或奖励模式，个人慈善性的投资，一般无金钱回报。

一些国家最普遍的是捐赠或奖励模式。主要用于资助社会性、公益性或创意性产品或公司，捐赠类没有任何回报，而奖励类往往没有任何金钱回报，而是馈以产品或实物，如唱片、门票或象征意义的纪念品等。奥地利、比利时、丹麦、爱沙尼亚、法国、德国、希腊、爱尔兰、意大利、荷兰、葡萄牙、西班牙、瑞典、英国等绝大多数欧盟国家都有此类众筹平台。

其次是借贷模式，主要方式是投资者通过充当经纪人的平台，向企业或个人提供贷款以获取利息，分别称为P2B和P2C模式。除保加利亚、希腊、匈牙利、罗马尼亚、瑞典、丹麦等国之外，大部分欧盟国家都有借贷类众筹平台，但根据各国不同的制度，实践中存在几种不同模式，主要有贷款、预售和售后回租三种。

最基本的是有息贷款或后偿贷款模式，投资者和发起人之间是借贷关系。在法国、德国等国，个人和企业都可以发起，而另一些国家对发起人有限制，如比利时只有企业可以发起，而爱沙尼亚只允许个人发起。另一种模式是预售，发起人以已完成的产品或服务为回报进行借贷，与投资者之间形成预售合同关系，如葡萄牙和西班牙，其中前者国内目前只有预售模式的借贷平台。由于借贷在葡萄牙属于信贷或金融交易，必须获得相应牌照，所以平台通过预售方式进行规避。

第三类是股权模式，与中小企业发展密切相关，是欧盟众筹市场中最为重要的模式。但由于涉及金融服务法律法规的规制范围，大多数国家政府监管态度不明确，因而股权模式在各国的发展情况很不一致。

一些国家根本没有此类平台，如爱沙尼亚、匈牙利、爱尔兰和葡萄牙，一些国家即使有一两个平台也从未发起任何项目或项目极少，如丹麦、比利时和保加利亚，而另一些国家，如法国、德国、英国、荷兰等则有数家股权众筹平台，并在实践中开发出了各种操作模式。第一种是隐名合伙的投资经纪或合同经纪（Broker）模式，平台不提供任何投资建议，也不支持在线认购，只作单纯的窗口展示，可以规避牌照或许可，如德国、意大利、奥地利等国的大部分股权众筹平台采取这种模式；第二种是金融服务机构模式，平台向监管部门申领了金融服务牌照，不仅展示项目，而且提供有价证券或投资产品的交易市场，如奥地利和德国的一些平台；第三种是合作模式，即平台与一家有牌照的投资公司合作，将投资服务部分交给投资公司操作，主要见于希腊；第四种是联合账户模式，平台为避免被归类为金融服务机构，仅帮助投资者和发起企业在线设立一个为众筹项目特别开立的联合账户，主要见于西班牙。

可见，目前欧盟市场中最广泛的是捐赠或奖励模式，其次是借贷模式，股权模式在许多国家也有尝试。不同模式的交易结构各不相同，潜在问题也需要分类对待：对于捐赠奖励模式，主要在于公益目的和用资约束，一般现有关于慈善或捐赠的法律就可以进行调整；对于借贷模式，预售类和售后回购类可以通过合同法调整，而贷款类则可能涉及消费者信贷等问题；股权模式的问题较多，主要集中在发起人的说明书义务、平台的金融服务或投资服务资格，以及是否或在什么条件下可以获得相应豁免。此外，三类模式的平台都还有一类共同问题，即平台在线转账是否构成汇款服务，项目成功前平台暂存投资资金是否构成吸纳公众存款，平台是否需要相应的支付牌照或许可。

国内众筹先行者——十大平台

相对于国外众筹的风生水起，众筹平台在中国的发展才刚刚起步。

目前，放眼国内的众筹行业市场，截至2014年7月，国内有分属于股权众筹、奖励型众筹、捐赠性众筹等不同形式的平台数十家不等，并且崭露头角。

他们为有梦想、有创意的人筹资、筑梦，更打破了传统的融资模式，使每一位普通人都可以通过众筹模式参与到项目的创作和活动中去，使得融资的来源者不再局限于风投等机构，而可以来源于大众。然而中国市场庞大，人才济济，这预示着众筹在国内将会有良好的发展前景，势必迎来互联网金融发展的新高潮。

以下是互联网学者统计的国内十大最具影响力的众筹平台：

1.众筹网

众筹网于2013年2月正式上线，是中国最具影响力的众筹平台，是网信金融集团旗下的众筹模式网站，为项目发起者提供募资、投资、孵化、运营一站式综合众筹服务。

众筹网自2013年9月发力推出系列独具创意的项目，深受广大用户欢迎，联合长安保险推出的"爱情保险"项目筹资额超过600万元，创最高筹资记录。"快男电影"项目近4万人次参与，创参与支持人最多记录。

2.京东众筹

2014年7月1日，京东金融第五大业务板块——众筹业务"凑份子"正式上线，并同期上线12个新奇众筹项目，其中包括7个智能硬件项目，5个流行文化项目。京东的产品众筹主攻智能硬件和流行文化，目标用户为热衷于3C及流行文化的消费用户。"凑份子"将结合京东商城的全品类平台和优质客群优势，打造出门槛低、新奇好玩、全民都有真实参与感的众筹平台。

3.淘宝众筹

淘宝众筹是一个综合性的奖励众筹平台，分为影视、科技、设计等8个项目。早在2013年双12期间，淘宝推出"淘星愿"众筹平台。初期以明星为卖点，由明星发起项目，粉丝帮助其实现愿望。随后，"淘星愿"延伸出"淘宝众筹"面向大众。今年3月底，两者合并为"淘宝星愿"，新增音乐、书籍、公益等项目，此次名称又变回淘宝众筹平台，可见阿里或将发力布局众筹领域。

4.乐童音乐

乐童音乐是一个专注于音乐行业的项目发起和支持平台，提供两种筹资模式：（1）选择灵活的预售筹资模式，不论最终是否达成你的筹资目标，都可以获得一定的筹资金额，帮助自己完成音乐创意项目，给予支持者回报；（2）选择固定的筹资模式，如果最终未能达到筹资目标，资金将返还给支持者。

5.追梦网

追梦网于2011年9月20日正式上线，其目标是推动国内的科技及文化创新，让有梦想有创意的年轻人都可以创造最想要的自己。上线以来，追梦网共上线音乐，电影，出版，人文，旅行等各种类型项目数百个，总筹资额达人民币300多万。2011年追梦网被评为2011年下半年互联网优秀创业企业。2012年11月追梦网获得《创业家》杂志主办的全国权威性创业比赛黑马大赛冬季赛30强。

6.创客星球

创客星球于2014年6月18日正式上线，是一个为创意项目和想法提供集资的平台和社区。为创业者、发明家、设计师和所有创造性人群提供实践伟大梦想的机会。同时创客星球也是全国首个原创电视众筹节目，节目中各种新潮酷炫的产品创意大多还属于研发设计，或是新一代产品的开发阶段。

7.大家投

大家投起初命名为"众帮天使网"，2012年12月10号，更名为"大家投"，并正式上线。"大家投"的特色在于推出"领头人+跟投人"的机制，还推出先成立有限合伙企业再入股项目公司的投资人持股制度，推以及资金托管产品"投付宝"。

8.天使汇

天使汇成立于2011年11月，是国内首家发布天使投资人众筹规则的平台。天使汇旨在发挥互联网的高效、透明的优势，实现创业者和天使投资人的快速对接。截至2013年10月份，天使汇平台上总共完成了70个项目，2.5亿人民币的融资。在天使汇平台上注册的创业项目达到8000个，通过审核挂牌的企业超过1000家，创业者会员超过22000位。

9.中国梦网

中国梦网是掌门旗下创新型众筹平台，是浙江卫视《中国梦想秀》助力团成员，为梦想发起人提供平台、资金、宣传和数据支持。自2013年10月创立至今，上线项目近百个，累计筹资超过200万元。其中《全职高手》画册出版项目，总筹款达35万元，完成度175%；中国首个比特币参与捐助的众筹项目"关注留守儿童的新年愿望"提前10天众筹成功，完成度101%。

10.汇筹网

汇筹网是国内最权威的专注于众筹导航资讯的平台，自2014年7月初推出以来迅速受到众多创业者，以及投资人的青睐。汇筹网已收录了大量优质众筹项目信息，以及主流众筹网站。为创业们提供了大量的优质创业项目作为参考学习对象，同时也提供更多融资平台资源，在这里能更近距离地认识众筹融资，更详细地了解各家众筹平台的优势与资源。同时投资人也在这里得到更多的优质项目信息，一站式比较选择，更快，更便捷地抓住好项目，抓住投资机遇。

延 伸 阅 读：

乐童音乐——筹集资金完成音乐梦想

乐童音乐众筹平台于2013年1月正式对外开发上线，截至目前，已经发起超过200个音乐筹款项目，筹集资金总额近200万元，是国内最大最专业的专注于音乐行业的众筹服务平台。

无论你是一个默默无名的独立音乐人，还是一个有万千粉丝的知名乐队，都可以在这里发起你的梦想，通过与乐迷的互动支持，给予支持者独特的回报，取得他们的支持，筹集资金，完成音乐梦想。

音乐梦想照进现实的平台

乐童音乐是国内为数不多的音乐垂直类众筹网站之一。看到太多乐队、音乐人为梦想在苦苦坚持，受众筹平台Kickstarter的启发，作为资深乐迷，乐童音乐创始人马客做出了他人看来很疯狂的举动——卖掉上一个创业公司，拿钱创办乐童音乐，为音乐人搭建一个互联网平台，整合一切可能需要的资源。

2013年12月25日，"音乐天堂全媒体"发布了"音乐天堂SOLO音箱"，并通过乐童音乐提供的众筹平台接受预定获得启动资金。众人拾柴火焰高，项目上线仅13个小时即完成原定38888元的目标。历经2个月，共有315名支持者，"音乐天堂SOLO音箱"在乐童音乐平台上筹得165062元，以425%的高比例超募成功。

通过众筹预售的形式，"音乐天堂全媒体"不但筹集到了开发生产音箱所需要的资金，也将大批想帮助《音乐天堂》完成项目目标的老读者汇聚在一起，为同一个梦想共同努力。对于这样一个远远超出预期的结果，"音乐天堂全媒体"表示："这是将读者当年的热爱、激情、梦想、怀念在互联网时代转化为生产力的最佳方式，对高品质高格调音乐的热爱几十年如一日的支持者，让《音乐天堂》开始了新的征途和大家一起拥抱音乐梦想！"

音乐众筹，将热爱音乐的陌生群体汇聚在一起，怀着对音乐的热情，完成一个个正在起步的音乐梦想。无论是项目发起人还是项目支持者，大家齐心协力共同将一个梦想变为现实，这种共同创造的参与感是难以言喻的。

众人助力实现音乐梦想

凯文·凯利曾经提出"1000个铁杆粉丝理论"——艺术家比如画家、音乐人、电影制片人、摄影师或者作家，只要有1000个绝对忠诚粉丝的支持就能维持体面的生活。

乐童音乐试图首先帮助音乐人培养1000个铁杆粉丝。2013年11月20日，乐童音乐与众筹网合作的"原创音乐支持基金"启动。基金首期金额100万人民币，用于支持原创音乐人发起音乐相关项目。乐童网和众筹网想以众筹概念跟音乐进行更多结合，让音乐人懂得如何跟他们的粉丝进行互动。

MC小老虎，国内较早尝试众筹项目的项目发起人之一。小老虎的首张专辑制作费用有一部分来自众筹。他设定1个月的期限，金额1万元，筹集成功只用了4天。这个过程对他来说是一个淘金的过程，"淘金并不是说这1万元钱，而是像凯文·凯利说的1000个粉丝"。当时，MC小老虎用网络漂流瓶的方法跟粉丝进行互动，让他深感与粉丝的关系"不仅仅是做一张唱片卖给他们，而是每一步都和一些从未蒙面的朋友产生联系"。这也是众筹的美妙之处，众筹不仅为音乐人筹集资金，在互联网时代也是有着共同梦想、共同期待的人与人之间的纽带。

糖蒜广播，是一家民间广受欢迎的网络电台。为了让更多的糖蒜广播的支持者能够听到高品质的节目，体验到更好的服务，乐童发起了为糖蒜广播客户端开发的筹款项目。在筹款过程中，一位支持用户留言："我爱糖蒜，我怕它没了！"这句话很快得到了其他糖蒜粉丝的共鸣。有很多人在支持留言里留下了对糖蒜广播的热爱，短短3个月内，越来越多的支持者出现，一共筹集到10万余元，成功完成众筹目标。这或许就是众筹的力量，为了一个人的梦想实现，很多人宁愿拿出自己的资金帮助他完成梦想，而每一个支持者从中也得到了发自内心的愉悦和帮助他人的幸福。

用互联网思维改造音乐产业

从2012年9月乐童音乐内测上线，到2013年初正式开放上线，一个默默无闻的新平台怎么开始第一单？大腕音乐人不会来，太默默无闻的音乐人没有好的粉丝基础。创始人马客就从有一定群众基础的产品做起，先找了这样一批项目放上来。

作为中国最早利用众筹方式完成音乐产品的独立音乐人，李志与其团队在2013年末两场演出结束后在乐童音乐发起的众筹项目——"2014李志数字版现场专辑《勾三搭四》募集"一经上线便引起了网友、歌迷和音乐从业者们的关注，更引发了一场"众筹无实体回报是否合理"的质疑和热烈讨论。历经一个半月，该项目于2014年2月22日完成目标，最终得到2673人支持，以50800元的募集金额超额完成任务。李志与其团队表示："众人栽树，更多众人乘凉——这才是理想的众筹。"

但是，很多音乐人都缺乏商业运作的思想，也缺少相关资源。音乐众筹要做的就是背后的营销、策划和资源整合，借助互联网思维去改造音乐产业。

受美国Kickstarter成功模式的激励，2011年起，中国一下涌现出十几家众筹平台。2012年9月，乐童音乐上线，可持续发展的盈利模式设计是乐童音乐的成功法宝。美国Kickstarter等众筹平台的盈利来源于对达标的众筹项目提取5%左右的服务佣金。在中国，大部分的众筹平台都是免费的，这种模式可以降低众筹这一新生事物的参与门槛，有助于提高项目发起人的积极性和建立平台的竞争优势，但这种免费模式制约了众筹平台的可持续发展。乐童音乐采用灵活的筹资模式，对筹资成交的项目收取一定比例的服务佣金，还可以采用预售模式和达标模式的自定义选择，这可以鼓励发起人设定合理的筹资目标以促进项目成功。

同时，乐童音乐专注垂直化和不断拓展衍生产品服务来建立差异化优势。众筹平台的核心本质是社交网络时代的小众化服务，在美国有近500多家不同业务内容的众筹平台。垂直领域的众筹的发展和演变必然会导致某个行业只有一两家众筹平台，从点名时间的转变也能看到这样的趋势。乐童音乐定位垂直化，深耕艺术孵化产业，拓展战略联盟，延伸产业链条。如联合众筹网共同发起"原创音乐支持基金"，增加巡演和衍生产品服务模块，为音乐人提供更多的超值服务和资源嫁接。这会使乐童音乐从众筹服务基础上演变为更为完善的音乐人服务平台。

第二章

股权众筹
——全民创业助推器

股权众筹的"中国式崛起"

股权众筹在我国资本市场的爆发力,可以从几家众筹平台的相关数据中窥探一二:原始会发起融资项目281个,已募金额1.94亿元人民币;大家投共发起185个融资项目,已募金额3933万元人民币;天使客仅有18个项目上线,但已募集的金额为2875万元人民币……

从整体增长率来看也是惊人的。根据《清科集团上半年众筹分析报告》统计,2014年1—6月P2P网络平均月增长率3.6%,而同期的股权众筹平均月增长率则达到100%。

2015年,被称之为股权众筹元年。火箭式的增长也让大众的好奇心越发严重。专家认为:股权众筹崛起的背后有着多方面因素,但行业背景、全民创业时代的来临和国家的多种实质性鼓励,以及互联网的巨大影响力是最为关键的原因。

先从金融行业本身来看,中国目前有4000万家左右小微企业。如果按照传统金融政策,走上市融资通道,沪深2000多家,新三板也只有2000多家,加起来不过5000家左右,上市是企业走向成功的黄金通道,千军万马,纷纷挤在了上市这座独木桥上,有多少能够山鸡变凤凰?更多的企业消失在了漫漫上市的征途中。

"向传统银行融资更难。"由于我国的体制机制问题,传统金融无论政策资金都投向了国有企业。相关统计数据表明,银行尤其是大型国有银行,大部分资金仍投向了国有大中型企业和各级政府融资平台。

互联网来了,互联网金融横空出世了。传统金融的模式形态已经被打开了一个缺口。P2P、股权众筹一面世,就一石激起千层浪。对于众多的小微企业而言，股权众筹是门槛最低并且最具可行性的一条路径。要么通过P2P平台进行债权融资，要么进行股权融资。因为它们能满足更多小微企业的需求。

而全民创业时代的到来，则是股权众筹得以挥斥市场的加速器。

2014年两会以来，政府层面对创业的鼓励前所未有。随着创业创新潮的兴起，2014年11月19日，李克强总理在国务院常务会议上指出要"建立资本市场小额再融资快速机制，开展股权众筹融资试点"，这一公开鼓励给股权众筹带来了极大的底气。一直以来，其最大的苦恼就是如何摆脱非法集资的质疑。

此后，国家对股权众筹的支持一路向上，有了很多实质性动作。比如，最近刚刚出台的《国务院关于大力推进大众创业万众创新若干政策措施的意见》明确提出"鼓励发展众筹融资平台"，加快推出"三证合一"、"一照一码"、"一址多照"等多项强力举措。此外，相比主板及创业板，挂牌门槛较低的新三板也为众多股权众筹平台的天使投资人打开实现股权溢价退出的新途径。

除了行业内因和政策外因，互联网是改变我国股权众筹发展轨迹的一个最重要的力量。事实上，互联网的这种非凡能力也不仅仅是作用在股权众筹行业。互联网大大降低了创业者进入各个行业的门槛，包括一般企业难以涉足至高无上的金融行业。

举个最简单的例子，互联网出现之前，如果想做点小生意，在市场或哪个地方随便支个摊，肯定会遭到城管的盘问。但现在，只要在网上支个摊，不但可以自由做生意，而且企业出现资金困难融资贷款等都可以轻松实现。

股权众筹的中国式崛起，还有赖于中国当下的经济发展特点和家庭财富格局的变化。

中国经济正处在调档增质转型期，大众接受新生事物的热情高涨，网络、通信等基础设施建设也不断升级。同时，随着国家经济的整体推动，家庭财富也在不断增加。仅以中产阶层为例，2020—2025年我国中产收入者可能达到4亿人，如果按照美国中产家庭目前3万～4.5万美元年薪的基本门槛计算，这个仍在增长的庞大阶层手中的财富显然无比可观。与此同时，随着房市、股市等投资领域回归正常，对财富和资本的吸引力也将逐渐降温，越来越多的投资人必然会将自己不断增长的财富投向更具成长性的优质项目。

对数量与日俱增的天使投资人而言，这是一个最好的时代。

股权众筹顺应了草根创业时代需求，突破了过去天使投资人必须"看得中、投得起、帮得上"的条件。从这个意义上讲，股权众筹开启了天使投资4.0时代，不仅为天使投资人带来最佳实践形式，也大大提高天使投资参与者的广泛性。

但如何帮这些有着极大投资需求的天使投资人找到优质的融资平台，显然是对资本市场的一个严峻考验。

一个优秀的股权众筹平台最起码具备三方面基本品质。

首先，项目是根基，平台如何筛选引进好的项目至关重要。怎么才能找到好项目？王志峰指出，除了把目光聚焦在北上广等一线城市，眼光也应下沉，看向全国各地。同时，应积极与地方政府合作，他们最了解项目的源头。毕竟，对于本地项目的把握，地方政府显然更有发言权。

其次，筛选好项目之后，做好增值服务。比如，对项目进行孵化、培育，让平台上有经验的天使投资人担当创业导师，为他们进行创业指导，从而帮助它们能够更快更好地成长。

第三，要集聚一批优秀的投资人，尤其要吸引到经验丰富、手头可用资金较多、自己可以决策的核心领投人。当一个好的项目放到平台之后，如果领投人能迅速地做出决断，往往会吸引更多的跟投人。

股权众筹的发展空间很大。这三个方面做好后会形成一个良性、不断拓展、有竞争力的融资平台。表面上看，我国资本市场中股权众筹平台建设的参与者越来越多，基本上每过一两个月就会有一个股权众筹平台推出，京东、平安、阿里等互联网巨头也纷纷入局，但与P2P、P2B、B2B等债权众筹不同，股权融资对线下的依赖度比较高。自身资源再强，平台建得再大，如果不接地气，不能提供增值服务，竞争力优势也会大大降低。

从市场实践中也能发现，尽管大多众筹平台尚处在运营模式摸索的初期阶段，但明显发现，一些注重与地方政府合作，且积极提供项目培训，为企业做好创业、品牌营销等服务的平台，都获得了快速发展。

股权众筹江湖的N种实践

天使汇

中国起步最早、规模最大、融资最快的天使投资和股权众筹平台，于2011年11月正式上线运营，是助力天使投资人迅速发现优质初创项目、助力初创企业迅速找到天使投资的投融资平台。截止到2015年4月30日，天使汇已帮助363个创业项目完成融资，融资总额突破39亿元人民币。平台上注册的创业者超过10万名，登记创业项目33000个，认证投资人将近2500名，全国各地合作孵化器超过200家。

天使投资面向风险承受能力较高、具备成熟投资经验的特定投资者。对天使投资人实行认证制，目前的4万多名注册投资人中，只有将近2500名通过了认证。这些认证投资人主要为成功的前创业者、知名大企业高管及专业从事投融资的金融圈人士,个别项目的失败也不会对其整体投资有重大影响。

36氪

2010年12月8日,36氪作为科技媒体正式上线。经历四年成长,36氪不仅有备受顶级投资机构关注的高效互联网融资平台,还有专注于互联网创业项目孵化的氪空间(KrSpace),在全中国首创了"不收费、不占股、全球资本,平台服务"的新型孵化器模式。

36氪融资的理念在于,创造一个为创业者展示项目,吸引融资的平台,筛选并匹配优秀专业的投资机构和投资人。截止到今年4月,已有131个项目在平台挂牌融资,其中40个已经完成融资,同时在后台申请挂牌的项目也已经超过3000家。氪空间则专业专注创业项目的线下孵化。自2014年4月份上线以来,报名申请入驻氪空间的创业项目超过5000个。第一批项目共12个,其中11个完成融资并孵化成功。

大家投

深圳市创国网络科技有限公司旗下股权众筹平台,国内最早一批专业做股权众筹的网络平台,也是一个全民天使的股权众筹平台。从2012年年底成立,到2014年增长率超过百分之四千,全年帮助47个企业完成融资,每个平均融资100余万元,总共完成将近5000万的融资额,每个项目人均出资不过几千元到几万元不等。

其在天使投资网络平台行业内的重大创新主要有:1.全国首创众帮模式初期企业股权投融资业务模式,单次跟投额度可以最低到项目融资额度的2%;2.以融资项目为主体的直接投资网络平台;3.用户体验上实现融资项目商业计划书真正实现从文档化到数据化、标准化的革命性转变;4.独创天使投资行业对一个项目的领投加跟投机制,实现职业天使投资人与业余天使投资人的共同支持创业者的行业格局。

天使客

隶属于深圳市安奇克拉投资有限公司的一个主打"精品路线"的股权众筹平台，专注TMT领域天使阶段到Pre-A阶段的股权众筹。

天使客作为嫁接投资人和创业者的一座桥梁，一方面帮助优质创业项目寻获投资；一方面采用领投+跟投模式、限制最低2万起投的准入门槛，在分担投资人风险的同时一定程度上保障投资人权益。天使客目前已上线并合投项目的创业团队有腾讯系、华为系、Facebook系等，其中上线4天即被超额认筹的项目腾米跑跑，已获得君联资本千万级别的Pre-A轮投资。

原始会

网信金融旗下的股权众筹平台，致力于为投资人和创业者提供创新型投融资解决方案。

在原始会平台上，创业者可以发起项目，展示靠谱的商业计划和优秀的团队，快速聚拢资金、资源、战略伙伴；投资人可以轻松发现优质项目，分享企业成长带来的资本溢价。同时，原始会提供创业及融资辅导、路演推广、宣传策划、用户教育沙龙等优质增值服务。

股权众筹的颠覆意义

中国证监会新闻发言人张晓军说，股权众筹融资是一种新兴网络融资方式，是对传统融资方式的补充，主要服务于中小微企业，对于拓宽中小微企业融资渠道，促进资本形成，支持创新创业，完善多层次资本市场体系均有现实意义。

全国人大代表、长江证券董事长杨泽柱认为，股权众筹既可以通过募集社会资本拓宽小微企业融资渠道，又可以营造更好的创业氛围。无论何种身份、地位、职业、年龄、性别，有创造能力的人都可以通过设立企业等方式实现想法，普通民众也可以投资成为股东。

来自美国硅谷的因果树创始人腾放在2015互联网金融（众筹）研讨会上表示，股权众筹的实质是利用互联网技术和金融服务，改造企业创新和风险投资状态，并重新定义利益分配原则。通过股权众筹，建立起用户（投资人、融资人、行业专家、专业服务人士等）间的相互信任，以提供服务和撮合交易为手段，促进生态系统的正向循环。

天使投资人、云筹创始人谢宏中表示，众筹是一个"应筹而生、为筹所有"的投资过程，其中汇聚着广大投资者的认可和参与，众筹的核心是股权众筹。

综合专家的观点，股权众筹具有以下颠覆意义。

一是动了"精英创业"的奶酪，掀起真正"草根创业"的大潮。创业是高资金投入、高智慧投入、高管理投入、高风险系数的事情，多数情况下失败的几率远远大于成功的几率。一直以来，只有精英与富家子弟才创得起业。众筹时代的到来，哪怕你只是一介草根，只要你有了足够的商业运营能力和创新的产品或模式，你就可以启动创业，其他的资源与资金，甚至包括团队，都可以通过众筹得来。筹与借、买、招的区别是，筹来的东西既不必付钱，也无债务负担，给参与者的是权益回报。

二是众筹动了"富人投资"的奶酪，掀起真正"大众投资"的大潮。股权投资一直以来是富有的高净值人士专属权利，特别是投资于创业企业的原始股份，更是少数有钱人才能玩的游戏。传统的天使投资必须要具备"看得中、投得起、帮得上"三个条件。众筹则采用

"专业领投+大众跟投"的模式，大大降低了早期股权投资的门槛，过去一笔融资100万元的项目，只有拿得出100万元的人才能投得上。通过众筹，可能只有几万元现金投资能力的普通民众也有机会参与这样的项目。

三是众筹动了"资源中介"的奶酪，让创业服务与资源输入更扁平直接。当今社会的资源，要被创业者使用大都需要通过中介、特别价值变现渠道、人脉疏通。而通过众筹，这些需求有可能轻松解决。因为在众筹的过程中，拥有这些资源的人可能会成为众筹项目的股东，股东为了提高收益机会，为投资企业服务，都是直接的、免费的，最多付出一些硬性成本。这样，众多创业企业获得服务和资源输入的通道直接、结构扁平、效率高、成本低。一大批靠资源中介与卡位变现者，都会在众筹面前失去光环。

股权众筹虽然降低了大众参与投资的门槛，但其特点也决定了它在高收益的同时伴随着高风险，譬如初创项目成功率低、普通投资人缺乏专业投资知识、政策风险等等。

据了解，即使在投资环境较成熟的美国，获得风险投资的创业企业在5年内的失败率平均达到60%到80%，而投资一家创业企业，也需要5年以上才能退出。京东在投资者风险提示中也提到，80%以上的项目会失败，即使成功也面临着退出周期过长的困境，需要等到企业被收购、下一轮融资或最终上市，投资人才能兑现收益。

既然是高风险的游戏，那么股权众筹当真是属于所有大众吗？在很多业内人士看来，股权众筹的"众"字显然误导了很多普通投资者。受制于风险、资产和投资的专业性等因素，股权众筹其实面向的是具备一定金融资产实力的中产阶级。

在《管理办法》中提到，合格投资者的标准为：投资单个融资项目的最低金额不低于100万元的单位或个人，净资产不低于1000万元的单位，金融资产不低于300万元或最近3年个人年均收入不低于50万元的个人。

对于"合格投资者"的严格标准，市场上引起了不少争论。高门槛确实可以起到减少风险的作用，但同时或许会影响市场活力。记者注意到，天使街的自然投资人门槛偏低，设定为年薪20万以上，能够承受占资产总额不超过20%的投资。京东对于参与股权众筹投资者的门槛也较低，自然投资人须符合金融资产超过100万元、年均收入超过30万元、专业的风险投资人这三项条件之一。而天使汇的自然投资人门槛偏高，设定为最近两年内每年收入超过100万元人民币者。

专家建议，如果符合股权众筹投资门槛，有对项目回报率有所期待的普通投资人，也应该注意分散风险，切记不要把鸡蛋都放在一个篮子里。

两种主要的众筹融资方式

当前有两种主要的众筹融资方式。

一种是奖励型众筹，比如Kickstarter和Indiegogo这种，人们给创业者资金，创业者给予投资者奖励回报。许多生产硬件产品的企业，比如Pebble、OculusRift、Boosted都是通过这种方式的众筹发迹的。

第二种是股权众筹，也就是FunderClub正在做的，在这里投资者可以向创业者投资、换取企业的股权。通过这种方式成功的企业有Coinbase、Instacart等。两种方法都可以让创业成功，有时候两种方法都可以奏效。

创业企业决定选择哪种方式要取决于他们的核心目标。奖励型众筹可以让消费者的需求去风险化，打造一个为不需要股权的早期用户准备的社区。如果你要寻找提供反馈和联系网络的专业投资人，然后利用他们来打造你的产品，股权众筹应该是个不错的选择。两者并不是相互排斥的。

股权众筹

就受众而言，你可以得到大范围的投资者，能够找到各种行业内专业的、知识丰富的投资者。投资者很关注他们投资的公司，希望帮助他们取得成功。

如果你想通过风险投资公司来完成融资的话，可以交流的投资者数量也会小很多。

股权众筹可以让创业者一次就接触成千上万的潜在投资者。当你从一大批投资者手中拿到投资的时候，就最大化了可以帮助你成功的人员名单。

你所接触的潜在投资者越多，你能获得这种需求的速度就越快。

一次成功的股权众筹获得可以帮助创业者以相同的方式在其他融资途径上更简单地获得更多资金，比如说联系传统的线下投资者。

在股权众筹平台融资的另一大优势就在于所有的投资都会进入一个资金池，就像是从风险投资公司那获得了一次投资一样。不必担心哪个投资者会多拿钱，哪个投资者会影响公司的进程。明白规则、采用协约，让创始人可以更简单、更便捷地获得投资。最起码，这是一些股权众筹平台的运行方式。要做好功课，知道谁在给你投资。

缺陷

虽说股权众筹平台旨在让融资流水线化，但这不意味着创业者在接触的时候就可以掉以轻心。这些平台上的投资者也希望看到风投公司得到的信息，来帮助他们做出决定。对于创业企业的创始人来说，这意味着要清楚地说出创业企业的关键点，准确地回答未来投资者的问题。

有时候，企业在没准备好之前就过早地去融资。另外一个问题就是创始人和未来投资者之间交流比较差。很有必要明确说出创业企业是干什么的，产品或服务是如何工作的，以及其他投资者可能会需要知道的细节。如果你还没准备好回答这些问题，那么你就得自问是否已经做好了融资的准备。

最佳做法

1.了解和你一起工作的人。作为一个创业者，你应该对于线上和线下的投资者做好功课。尤其是在在线股权众筹平台上，要留意投资人的投资记录和评价。明白整个融资过程的流程。跟曾经受过他们投资的创始人交谈，获取信息。了解这个平台是如何为投资增加价值的。

2.准备好。你的公司需要到达一个合适的阶段之后才能在股权众筹平台上获得出色的融资。因为是在网上融资，所以企业的交易量和增长量都是重要的信号。有客户的强烈推荐也能帮到你，当然媒体的报道也很有用。

3.说清楚最重要。你需要十分清楚你的产品和服务是干什么的，知道他们如何运作。如果投资者看到介绍中都是一些术语的时候，他们会很难理解的，很难做出投资决定。作为创始人，你的工作就是清楚地阐明自己的企业、价值定位，让投资者能简洁、快速地理解。在融资之前，从你信任的人那里得到反馈信息，合伙人、顾问和其他投资人都行，了解人们看到你的企业之后最常问的问题。这将是其他潜在投资者也会问的问题，所以要提前准备好答案。你也许只有一次机会来向投资者清楚地传递信息。

4.说重点。你在网上展示的内容和给线下投资人看的内容没有区别。文字要说到要点：创意是什么？产品和服务如何运作？团队中有什么人？有过什么里程碑事件？如何判断创业成功？潜在市场规模多大？投资条款的内容有什么？本轮你想融得多少资金？也就是说，你在网上放上自己的融资演示文稿图片，但是不必自己去向投资人进行解释。

奖励型众筹

奖励型众筹在帮助企业预售产品、获得早期支持者方面帮助特别大。我们现在可以看到一大批企业在Kickstarter和Indiegogo上成功募资，在随后的融资中获得大量投资或者是被收购，这一现象已经在风投行业内被广泛认可。

风投现在将众筹网站看成是最尖端的创业想法的聚集地。奖励型众筹网站上的成功事例表明了人们喜欢你的产品。而且这种方式更加自由和灵活。它让发明者和支持者更方便地在平台上交流，关于投资众筹项目的规则和限制也很少。规则越少，越激发参与度，参与度越高，只能是件好事，不会是坏事。

与此同时，奖励型众筹网站是证明创意的最有力方法，甚至不需要一个成品或公司，记住这一点很重要。在你做出一些产品之前，可以让产品获得不少进化。虽然说建立起社区、获得注意力是件好事，但你真的需要理解和克服这些细微的差别。

缺陷

风险投资不会认真对待一个成功的奖励型众筹项目。你不能坐在功劳簿上吃老本，想着钱会自己找上门来。如果你的产品不符合支持者的期望，他们也绝对不会放过你的。

股权众筹平台的投资者比奖励型众筹平台上的普通支持者眼光更敏锐。他们会发现不同的东西，真正地理解创业者的承诺，思考创业团队，了解创业过程中的障碍，以及发现创业者是如何满足消费者的需求的。对奖励型众筹最大的两个障碍是计划不周和发货时物品与描述不符。

许多创业者低估了计划和实际工作的工作量，导致产品交付延期。而且如果一个公司在众筹平台上成功通过预售募资，然后在交付产品之前耗尽了资金，这是很危险的。那么他们需要快速地从其他途径融资，如果没有得到钱，那么创业者将陷入无法发货的困境。

当你把一个创意搬到现实世界的时候总会出现多到意想不到的障碍。经常可以在硬件领域看到这种事情，开发者需要花费比预计的时间更长的时间来完成开发。作为创业者，你需要处理好早期用户的期望。你需要做好功课和相关的研究，只有这样你才能合理地估测时间，解决可能发生的问题。尽全力阐明自己的计划，如果发生了变化，要尽快明确、快速地解释清楚。

基本来说，不要因为担心会让用户失望就不诚实，这只会让事情更糟。而对于一个年轻团队来说，问题就更大了。这不仅仅是现在的问题，还将影响未来。

最佳做法

1.建立起有效的反馈循环。不断校准消费者预期的最好方法就是不断地与奖励型众筹平台的消费者交流，积极地请求他们进行反馈，并将反馈带进产品开发中去。你也不希望他们一开始喜欢你的创意，但是最后却讨厌你的成品。你以后会感谢当时曾从支持者那里获得的产品改进的方法，聆听支持者的声音，做了这些事情。这样做就可以让人们更容易接受可以拿到的产品和计划的产品之间得出差距。

2.持续运营公司。有不少创始人会为了融资而暂停工作。他们没有足够的时间来继续开发、招聘。众筹项目也会出现相同的问题，但是创始人没法暂停项目，因为还有很大一批人在等着他们投资的奖励。

你必须把注意力放在重要的事情上：团队成员是否合适？公司运营和架构是否能支持将来的计划？是否有可持续的竞争优势？这些因素都会成就或破坏企业利用众筹资金的能力。

3.期待支持者成为消费者。你或许会觉得他们给你投资是因为他们是粉丝，所以你可以在产品上有些许差距，那你就错了。我们将奖励型众筹平台上的投资人看作是普通的消费者。他们希望能在规定时间内拿到产品。你不能用创始人的想法套在他们身上，也不能用投资人的视角来看待他们。他们是普通人，是如果被延迟发货、产品有变或有问题就会失望的人。或许有些人很有帮助，但是他们不希望投资之后延迟发货或者很晚才拿到解决方案。

4.设置合理价格。因为奖励型众筹支持者都是普通消费者，所以产品的价格要能在自己和消费者之间产生共鸣。许多人对Kickstarter和Indiegogo上的定价并不会太关心，但是这却可能因为你一开始的不透明而带来大麻烦。如果你想让公司持续发展下去，那么你想出来的定价就要包括所有的制造、快递、售后服务等环节。许多人认为通过众筹可以获得关注，提前销售一些产品，然后在私募股权或风险投资中展现亮点，但是这是不负责的，也不是可以持续发展的。

5.做好观察。如果你准备走奖励型众筹这条路，和其他已经成功众筹的创始人交谈一下会很有帮助。他们会告诉你和消费者交流的节奏，以及如何实施自己的众筹计划。借此，你可以避免犯他们犯过的错误，学到一些有用的东西。他们分享的只是或许可以让你的公司成功。

众筹融资与青年创业的契合度

在互联网金融时代，众筹融资与青年创业两者间存在良性谐振，具有很高的耦合度。众筹融资能有效帮助青年达成创业梦想；而青年亦能为众筹模式增添无限活力。两者间存在着互动的、正向的、共赢的耦合关联关系。由于互联网金融的普惠性、高效性、去中心化等特点，众筹模式与青年创业融资协同契合的优势非常明显。

当代青年的背景

当代青年既有商业抱负又有社会责任。他们有梦想、有抱负、有理想。在经济增长放缓银根收紧的情形下，对于许多创业的年轻人来说，最窘迫的莫过于资金募集艰难。"钱少，人多，爱做梦"的网络众筹模式的出现，或能点燃无数创业青年的激情。

"90后"青年个性突出、思想活跃、崇尚自由、成才意识强烈，这是"90后"青年的群体特点。青年对新鲜事物具有很强的敏锐性，他们的创意思维能赋予初创企业以灵活性。青年宝贵的创新思想、创意思维若通过有效载体的合理转化将转化成现实的生产力。

互联网兴盛的短短10年，正是"90后"青年接受新生事物最快最多的"黄金十年"。我们要不断寻求社会发展与青年成才的最佳结合点，在成就人生的道路上与当代青年形成和谐"共振"效应，众筹正是在互联网金融时代下诞生的尤物。

对于早期青年创业者而言，他们没有抵押物，银行贷款的渠道是关闭的，只能在熟人圈中寻求帮助，他们很难在短期内缓解资金困难。众筹尤其是股权众筹将改变初创企业的融资模式，在鼠标轻点中即能快速便捷地获得投资。

众筹创业的优势

众筹创业的方式在汇聚资金、知识、资源等方面具有优势。它是"开放、平等、协作、分享"之互联网精神的重要体现。在项目预设的时段内，资金数量若达到发起人设定的目标金额即募集成功，否则告败。众筹平台在融资成功的情况下收取一定比例的佣金。众筹开创了一种全新的融资模式，其特点有如下几点：

一是众筹最初发端于创意所需。众筹最初渊源于文化艺术领域的筹资活动，其初衷即为创新创意服务，它告诉创业者，资金紧缺不是问题，创意创新才是灵魂与生命。蕴含"筹人、筹资、筹资源"精神的众筹模式对解决初创企业融资具有不可比拟的优势，是刺激创新创业、扶持小微企业发展的有效利器。带着"让梦想变现"的愿景，众筹从诞生之初即具有理想主义色彩。

二是目标易实现的低门槛创业。"众筹这种方式更灵活、更有效，募集规模也相对较小，为国内广大中小企业和创业团队带来一种全新的融资方式，大大降低了创业初期资金募集的门槛。"目前我国众筹存在的最多模式即为实物众筹，其回报多限于产品或服务，在风险表现上也相对较低。众筹为白手起家的青年创业者带来重大机遇。

三是众筹主体大多数是青年人。当下互联网金融领域最盛行的便是众筹。据一项众筹创业专项调查研究表明，我国众筹群体多集中在80、90后。随着成功运作的项目越来越多，众筹成为年轻最爱体验的创业融资方式之一。青年精英领跑各领域的创新创业，也带动着越来越多的人参与到"全民创业"的热潮中。2014全球创业观察（GEM）中国报告分析结果表明，我国高学历年轻人的创业效应显著。随着我国经济的发展，青年创业活力将显著增强。

四是借助网络平台"金融脱媒"。中国社科院姜奇平秘书长认为，

"拉投资、找支持的'众筹'概念之所以被看作创新模式,是因为如今互联网时代为创业者提供了更广阔的平台向众人借力。"现代众筹模式即以"互联网思维"为精髓,强调去媒介、去中心化、强调"点对点"的金融服务,直接向广大网友募资。众筹的兴起预计会带来融资模式翻天覆地的变化。它是大数据时代基于互联网技术之上的金融"蓝海",发展空间巨大。

众筹之于青年创业的有效性

在众筹机制中,创业者能获得高效融资以应对资金瓶颈,而投资人则有望获得投资资本的增值。这种创新融资方式十分适用于缺乏"第一桶金"的首次创业。

1.有利于提高新生代的创新能力

众筹平台天然就是创新创业的孵化器。它通过引导资本与市场创意和创新技术进行对接,使有思想、有技术、有追求的青年有实现自己梦想的机会。在众筹运作机制中,一个想法可能转化成一个产品,一个产品可能成就一个企业,一个企业可能引发一场技术革新,从而不断地推动社会和国家进步。

2.有利于促进和增加青年创业

众筹平台帮助那些有想法但资金匮乏的青年实现创业梦想,使那些小微企业能获得更多支持者去推进创意变产品的进程,该过程不断地产生和带动了新的就业机会。在当代舆论倡导青年自主创业、创造工作岗位、增加就业机会的背景下,一些在众筹平台成功创业的案例激励着越来越多踌躇满志的年轻人投身于众筹的创业大潮中。

众筹中成功创业的应对策略

众筹这几年有成功的项目,更有铩羽折戟的案例。处于襁褓期的众筹需经历多次危机试错和制度演变才能逐步走向成熟。目前,众筹尚处在建立规则阶段,依然面临前景不确定的混沌。作为创业者,怎样在法律允许的范围内驾驭和运用众筹融资工具，需要采取技术上的一系列应对措施。

1.比较研究众筹平台

在正确的平台上进行众筹的好处在于它能使筹措增值性资本流程变得很有效率。如股权众筹模式中"天使汇"受众面较高，债券众筹模式中"人人贷"点击量大，而产品预售众筹可选择"京东众筹"等电商平台。

2.尝试从熟人圈子做起

譬如微信有着较高的保密性、圈子的稳定性，用户置身其中有强烈的归属感。这样一个"熟人社会"的社交平台将有效克服众筹主体信赖不足的短板。微信对圈子的精准把握表现出未来最适合众筹的核心竞争力。在中国现有信用条件下，很看好基于熟人社会诚信背书的"中国式众筹"。

3.挖掘潜在目标客户

了解潜在用户群体，尽早与他们保持沟通，培养他们的投资兴趣和意愿，获知潜在投资者的真实需求。这样可以使项目在预知轨道上正常运行，而不会偏离项目预期的发展方向，这是成功众筹的必要项之一。

4.项目独特且具趣味

独特创意能第一时间吸引投资者眼球。产品够酷才能粉丝够多，有趣味才能赢得美誉度。这一能帮助创业者获得资金，二能切实提高产品关注度。如短片"Taste of love"在淘梦网上融资2万元、创意十足的"爱情保险"项目传播穿透力强。这些成功案例都产生了知名度提高的乘法效用。

5.制定出色的项目文案

一个好的文案一定要做得"有故事"，这样能引发目标人群的情感共鸣，能产生很强的代入感，更容易打动用户，其中包含的个人情愫和真诚梦想能感召公众。精彩出众的视频更是打动投资人的最佳方式，附有视频的项目比纯图文的项目融资成功率高出30%。

6.建构专业的核心团队

创业成功的关键因素是核心团队及其构成，团队要职业化，专业化，这关涉团队的合作与效率。众筹资金可来自多方，但权利要相对集中，不能盲目追求民主。要多筹钱，少筹意见。

7.严格后期管理和流转

众筹只是实现梦想的第一步，众筹创业者在营运中会面临创业的巨大挑战。如青年大学生众筹创业面临的一个问题是"毕业"带来的股东流动，故要因应学生特点设置股权流转计划；股权众筹中的交易、转让、退出等二级市场建设问题；项目创意在筹资前后的知识产权保密问题等。

8.细节胜出决定成败

如发起人在合理时间启动项目，尽量避开节假日；筹资时间不宜过长，否则会有倦怠感；设置邮件反馈环节与投资人保持动态互动，增强投资人的使命感和责任感；成功募资后回馈有创意、能体现公司文化的额外赠品，以提升投资人的存在感和成就感。

创业者众筹的注意事项

随着互联网众筹的兴起，许多创业者都开始盯上众筹这一融资方式。在一些成功案例的刺激之下，很多创业者都开始认为众筹网站能够帮助他们更加轻松地获得宝贵的资金，好像只要有一个好的创意，你就可以在众筹网站上开始创业之旅一样。但是现实是，众筹这种融资方式并没有你所想的那样简单。在你看到众多创业者在众筹网站上拿到资金的同时，其实还有更多的企业没有成功完成融资目标，只是媒体并不报道这些企业而已。

现在很多刚刚开始创业的人都认为众筹融资这种方式能够让他们轻松获得资金进行创业。然而，其实众筹需要创业者做更多的功课，而且创业者还有拥有一个稳固的支持网络才能成功完成众筹目标。

无论你是想通过产品预购获得一小笔资金还是想通过转让股权获得一大笔资金，在准备众筹项目的过程当中，你都会碰上许多意想不到、突如其来的挑战。

谨慎选择一个众筹平台

虽然所有的众筹平台的目的都一样——帮助创业者在网上找到大量的捐资者或是投资人，然后从他们那里获得创业者急需的资金——但是并非所有平台都是一样的，每个平台都有各自的特点，你需要谨慎选择。如果你只是需要为数不多的一笔资金，那么你可以选择Kickstarter或是Indiegogo这样的众筹网站。但是如果需要百万美元级别的投资，那么一些股权转让众筹平台将会更适合你。如果你对后者更感兴趣，有一个非常重要的东西需要你牢记在心中，那就是在开始众筹项目之前对尽可能多的众筹平台进行研究和比较，找到最能满足你需要的那一个。

在传统的投资市场下，对于创业者来说，最大的挑战其实就是找到愿意为自己投资的风险投资人。而在众筹平台上，这里有着数量庞大的投资人愿意对你进行投资，他们也在主动寻找着他们感兴趣的初创企业。而对于创业者来说，所要做的其实是找到最适合自己的投资人。

建议创业者对众筹市场的规模、活跃投资人的类型、特定众筹平台上的投资人的投资喜好等因素进行详尽的研究和调查。在调查之后，你就能够做出相对理性和准确的判断，选择一个最适合自己的众筹平台。他指出，选择错误的众筹平台对于创业者来说可能给他们带来时间、金钱甚至是企业估值方面的损失。

对融资规模和项目持续时间做出合理的规划

很多创业者，尤其是那些刚刚接触到众筹融资这个概念的创业者，他们会认为自己能够在众筹平台上获得他们所需要的所有资金，而且在众筹项目的截止日期到来之前，还能获得一些额外的资金。但是创业者们在制定众筹目标和项目持续时间的时候，必须要时刻保持理性，这一点非常重要。

对于创业者来说，在进行众筹融资的时候，一个巨大的挑战就是何时开始众筹融资，以及确定自己想要通过众筹网站获得多少资金。而且，创业者通常不清楚自己应该如何准确制定众筹项目的持续时间。

创业者应该首先仔细考虑企业发展到下一个阶段，你究竟需要多少资金。在进行众筹项目之前，这是你第一个需要重点考虑的问题。

创业者总是认为众筹网站能够替代传统的融资程序，认为通过众筹网站一定能够拿到所需的资金。但是事实并非如此，在网络上进行融资的同时，创业者还应该同时做好通过传统的融资渠道获得资金的准备。这样做能够提高初创企业的融资成功率。

勾起投资人对你的投资兴趣

你有了一个优秀的创意，你的朋友和家人也都觉得你这个创意很不错。这意味着一定会有人捐助你的项目吗？并非如此。在进行众筹项目之前，你仍然需要做大量的准备工作，这些工作将会帮你让更多人对你的项目产生兴趣，并且保持他们的兴趣。

在开始众筹项目之前，你应该先勾起投资人对你的投资兴趣，这个工作至关重要。这项工作不仅需要在项目进行的时候做，在项目开始之前也要做。这项工作能够让你在时间和人力都有限的情况下，在最短的时间内获得最多的投资。

虽然很多人都表示对你的项目很感兴趣，但是这不表示他们一定会投资你的项目；即使有人告诉你他们会投资你的项目，也很有可能他们会临时改变主意。在没有特殊需求的情况下，人们很难把自己的钱拿出来给别人用，尤其对于非专业投资人来说更是这样。因此你必须培养他们的投资兴趣和意愿。你要亲自接触你的关系网，请他们对你项目进行投资，并且摆脱帮你进行传播。

找到领投者

所有人都知道一个事实，无论是投资哪种生意，都会面临风险。因此所有投资人都想要清楚地知道，如果他们为你提供大笔的资金，他们所将面临的风险有多大。

创业者在进行融资的时候，经常需要面临这样一个挑战，那就是一些天使投资人，甚至是小型的风投企业，会告诉创业者他们对你的企业感兴趣，愿意提供投资。但是创业者必须先要找到一个大一点的投资方作为领投方，之后他们才会参投。

很多刚刚进入投资行业的投资人都会这样，他们只想跟在其他著名投资人的身后。这导致很多创业者发现自己已经获得了许多的“承诺投资”，但是账户里没有实际的资金。在进行股权众筹融资的时候，创业者也会遭遇这个问题。

其实在Kickstarter上进行小额融资的时候，你也会面临同样的问题。如果大众投资人发现一个项目没有人或是只有很少人投资，他们也会开始犹豫。你要如何鼓励他们对你进行投资？这个时候就要发挥建立投资兴趣的重要性了。即使你现在没有众筹的打算，你也应该开始对众筹这个行业进行了解，众筹是未来主要的融资方式，所有创始人都应该对其有所了解。

风险与监管：不好当的"小东家"

股权众筹绝非二级市场买卖股票那么简单，尤其是以一种"领投+跟投"的泛私募形式，让这一高风险、高回报的游戏更加刺激。在无数投资"小白"加入"小东家"队伍掘金时，不要忘了想要"做东"远非易事。

众筹分散投资风险

资本和风险常常相伴相生。创业、创新团队需要资本"甘霖"，而创投基金、天使投资人为了降低自身风险、确保成功率，往往把精力耗费在项目和团队筛选上，有时甚至欲投无门；而更多"有想法"的中小投资者，往往囊中羞涩，不能实现"做东"的梦想。能不能三全其美呢？"如果说风险投资处于一个相对封闭的环境里，那么，借助互联网股权众筹，能够突破这一闭环，实现线上风投的创新。"京东金融股权众筹负责人金麟认为，与线下的传统风险投资相比，借助互联网的股权众筹面向更多人群、更广范围，吸纳海量投资人的资源和资金，帮助企业实现融资推广，降低创投的投资风险，同时满足了中小投资者"做东"的愿望。

对于股权众筹可能带来的收益，金麟举了个例子：

以1万元、30年为期限进行投资，存活期存款的收益是1.1万元；买货币市场基金收益为3.2万元；买股票的话，以美国股票市场的平均收益率9.2%计算，是14万元；而做风险投资，根据美国风险投资的平均回报率25%来计算，是800万元。

一个小型路演就很能说明如今股权众筹的火热。3月底，在北京盘古七星酒店，创业者路凯林和他的雷神游戏笔记本电脑制作团队在舞台上侃侃而谈。雷神科技作为股权众筹平台的首批上线项目，10分钟内便完成1300万元的筹资目标。1300万元，假如每人出20万元入股就是65个"小东家"，股权众筹的联动效应很明显支持了创业创新。

股份均分的"小东家"设想固然好，但在现实中受到股东人数限制等因素，往往有人投钱多，有人投钱少。举个例子，当一个项目想要融资600万元、释放出30个股东名额时，一般来讲，最低起投金额应设置在20万元左右。但实际募资过程中并非所有人都只投20万元，投100万元、300万元的大有人在。那么问题来了，可能到第10个人时项目募资金额已满。这时，负责众筹的平台会"聪明"地把最低起投金额降至5000元。此举意味着对于囊中羞涩的投资者能通过"少投"分散风险、控制风险。

不好当的"小东家"

从1万元到800万元，除了30年的距离，"小东家"们还要有极强的投资眼光和耐力。

"想做好股东没那么简单，涉及信息披露规则、退出机制等多项事宜。"中科招商创业投资管理有限公司总裁单祥双说。

但目前看创新、创业又不一样。由于互联网、移动互联网的出现，项目被资本"逼着"速成。这些"涉网"创业公司往往成本很低，能迅速搭一个"草台班子"，马上就能成事。此类创新、创业项目，可能是很多天使VC争夺的对象，并且资本市场给它的估值大于投资人当初的预期。股权众筹的出现，加速了"小东家"增多的趋势。另一方面，企业渴望投资，追赶竞争对手。因此创业企业必须留存足够的库存股作为内部股权激励之用，或者极力避免股权过于分散，尤其要留足股权以备未来引进核心人才之用。

在信息披露方面，创业企业在股权众筹平台上做融资后，还必须承担一定的信息披露义务。

"这看似小事，实际上对未上市的初创期企业关系重大。"一位不愿透露姓名的互联网公司负责人说，很多创业期的公司经营状况都不错，甚至有的远好于同行业的上市公司。但由于上市的漫长流程和信息披露的原因，一旦进行所谓的规范"信披"，很可能会让竞争对手"有可乘之机"，日常经营将受影响——最后，不少创业企业不得不采取"被并购"的方式实现"曲线救国"。

初创期的企业渴望人性化"信批"。为此，综合考虑新三板信息披露（新三板是半年披露一次财报），不同的股权众筹平台结合自身做信息披露规则，指引创业企业进行有效、合理的信息披露。但这些信披范围不是像上市公司那样完全公开透明，而主要是针对"东家"，其中的风险对于"涉世不深"的投资者来说不言自明。

"小东家"最难还是难在"退出"上。股权众筹实际上是搭建一条时间周期漫长的产品线，这类产品特点是高风险、低流动性、高收益。从发行产品到退出一般周期是"5+2"，前后共7年时间。此外，根据有关规定，一般在股权众筹一年之内不能交易股权，若交易应只能在项目跟投人、参与人间进行流转，同时，严格禁止项目方承诺回购股票等。

"正因为有诸多限制，股权众筹的退出机制一般不多。"据金麟介绍，一种是IPO退出，比如说创业企业成功上市时，股东通过在二级市场的变现来实现收益。另一种是并购，若一家企业看到自身上市前景不明朗，但另外的企业有并购意愿，被收购企业的股东可通过并购实现退出。

"领投+跟投"

普通人缺乏专业投资知识，他们中的很多人甚至看不懂项目。对此，股权众筹平台推出了"领投+跟投"的模式，来降低普通人股权众筹的风险。这种模式最初发端于海外的股权众筹平台WeFunder和

AngelList，这种"领投+跟投"模式中，投资者可以跟着某个知名的投资人一起投资。普通投资人作为跟投人，选择跟随某个领投人并组成联合投资体，共同向领投人发掘出来的投资项目进行投资。

在这种模式中，领投人负责找项目、进行投资后管理，并在投资收益中获得一部分提成，作为其回报。不过，领投人和跟投人的权利有所差别，只有领投人拥有分红权和决策权。但在募集资金方面，领投人和跟投人的权利是一致的。

深圳市君融财富管理研究院国际注册财务策划师徐正国表示，"领投+跟投"的模式帮助普通投资者降低了选择项目的风险成本。很多初创项目的理念和商业模式对于普通投资者来说是很难看懂的，也很难去判断究竟哪一个更具备发展潜力，而领投人具备专业投资知识和经验，普通人只要做到跟投即可。

目前，国内股权众筹平台大多数都选择了"领投+跟投"的模式，无论是天使汇的"快速合投"，还是大家投的"千元起投"，包括刚刚入局的京东"东家"，在本质上都是这一模式。

一般的股权众筹流程为：项目筛选、创业者约谈、确定领投人、引进跟投人、签订投资框架协议、设立有限合伙企业、注册公司、工商变更/增资、签订正式投资协议及投后管理和退出。

需要注意的是，经过三年多的探路，草根股权众筹平台开始遇到不少发展瓶颈。最突出的就是领投人匮乏。但问题是，作为专业投资人，如果看好某项目，往往一笔资金就可以投完整个项目，何必后面拖着一堆这个5000元那个1万元的小投资人。

在"东家"里，因为刘强东的面子大，所以，可以聚集包括沈南鹏、薛蛮子、徐小平、李丰等一批明星级的专业投资人，而中国平安的面子更大，所以，前海众筹不愁没有领投人。但问题是，草根平台能请到这些大咖吗？而如果没有可以信赖的专业投资人作为领投人，普通投资者敢跟进吗？

除了领投人，众筹项目也是一大问题，当然不是说没有项目，而是没有优质的项目。工商登记也是目前股权众筹行业面临的头痛问题，这里面还涉及到众筹公司不同退出方式下的股权框架设计。

根据公司法的规定，有限责任公司的股东不超过50人，非上市的股份有限公司股东不超过200人。但在实际的股权众筹项目中，往往股东人数超过这个限制，即便是不超过这个限制，一百多的股东也不可能都体现在工商登记中。

"有两种模式可以解决，一是委托持股，二是成立持股平台，比如有限合伙等，两者的宗旨是一样的，即将绝大部分股东隐藏在工商登记之外，工商登记上只体现一两个股东或一个持股平台，其中，以有限合伙形式居多。"七八点首席股权架构师。

"尽管公司法对股东人数有所要求，但并未明确是直接股东还是间接股东，所以，以有限合伙的形式作为直接股东，普通投资人作为LP（有限合伙人）享受收益，领投人作为GP（普通合伙人），负责项目尽职调查、估值、定价、风控，与公司法不违背，但如果众筹投资人旨在通过资本市场实现退出，那么这种模式就要变更，因为相关规定明确指出计算方式是直接股东+间接股东，我们叫数人头，势必有一部分小股东要通过股权转让的形式先行退出。"

天使街联合创始人兼CEO刘思宇在2015互联网金融（众筹）研讨会上表示，目前中国的股权众筹不能照搬照抄美国的模式，让看不懂TMT项目的老百姓来进行风险投资，这是不道德的。美国有几十万天使投资人服务于创新创业，中国最多只有一万来个。

刘思宇认为，在中国，众筹可以做成科学化的"合伙"，因为老百姓对"合伙"能看懂，比如合伙开一家火锅店、美甲店等，这是很接地气的。而且在互联网的环境下，消费类项目能够实现重构关系的连接，分散的股东可以带来客户资源。而这也是投资机构喜欢消费类项目众筹的原因。

基于此，天使街上的股权众筹项目是以消费和服务类为主，以TMT和科技创业为辅。目前，天使街上的在审消费服务项目有一万多个，增长迅猛。迫不得已在全国发展子公司，迄今已经开通和签约十多家。

天使街上的投资者，20%是投资机构和高净值用户，80%的用户是普通投资者。项目投资退出方式有三种，一是TMT项目以ABC轮融资退出，这种项目风险较高，存活率低，不容易退出；另一种是，消费项目以分红方式退出，这个看得见，摸得着，老百姓容易接受，这也是市场教育的很好方式；第三种是与证券公司合作，在"新三板"挂牌退出。

延伸阅读：

天使汇——帮靠谱的项目快速找到靠谱的钱

众筹行业的爆点已经被引燃。无论是监管机构对规则的重新安排，还是公募众筹的即将出台，以及团购平台的涉足，这些动向都将促使众筹行业的爆发式成长。

作为中国起步最早、规模最大、融资最快的天使投资和股权众筹平台，天使汇不仅抢占行业先机，而且发展后劲十足。截至2015年6月底，天使汇已帮助近400个创业项目完成融资，融资总额近40亿元。平台上注册的创业者超过13万名，登记创业项目超过48000个，其中成长超过100倍的优质项目超过40个，包括纷享销客、e家洁、理财范、杏树林等多个项目在内；注册投资人超过40000名，其中认证投资人超过2500名……

这一连串令人眼前一亮的数字背后究竟蕴藏着什么玄机？2015年7月16日，在中关村创业大街，天使汇创始人兰宁羽告诉记者，自成立以来，天使汇关注的项目和企业主要有以下三类：TMT（以互联网为主）、尖端技术背景的项目和企业、传统产业转型升级过程中具有技术创新和商业模式创新的企业。同时，对于"小而美"的项目，天使汇也有着独特的判断和偏好。

如果只是关注热门领域，似乎并不能诠释天使汇的真正与众不同之处。天使汇的核心到底是什么？为什么能快速地帮创业项目找到钱？虽然兰宁羽笑着回答"还是项目本身很牛"，但这显然是谦虚之词。

让靠谱的项目找到靠谱的钱，这是对于创业者和投资人的双重承诺。而只有靠谱的人才能兑现承诺。

专业包装慧眼识珠

兰宁羽形容，天使汇所做的工作，就相当于从沙子里面挑钻石。"很多金子被沙子包住了，外人看不出里面究竟是什么。很多项目，甚至连创业者本人也不知道有没有获得融资的可能性。但是在天使汇平台上，会有一个衡量标准，只要符合基本条件，我认为都有获得融资的可能。"

兰宁羽所说的基本条件，就是创业者要有梦想，有激情，有非常强的执行力等。符合基本条件的创业项目，经过天使汇的包装，就会大放异彩，吸引投资人的目光。

来看看天使汇都是怎样包装创业项目的。

面对每一个注册项目，天使汇都会看几大关键点，比如看团队能力的素质维度和设定的目标是否匹配？看创业者所选择的方向是否有成长性？看用户场景是否能让投资人听起来很振奋？看公司要达到的里程碑是否合理？看所需要的资金是否合理？看融资过程中是否需要造势来吸引更多投资人的关注？……如果这些关键点都OK，项目就有可能获得超额认购。

看完项目之后，接下来该怎么做？这里面也大有文章。为了提高创业者的融资能力，天使汇背后需要做大量授人以渔的工作，在非常多的细节上需要打磨。比如对于创业者的路演演讲，一个5分钟的演讲往往要排练一两百遍。正是通过这样的训练，天使汇将创业项目的星星之火形成燎原之势。此外，天使汇还有同学会、创享汇、闪投公开课、与清华五道口金融学院合作的创业公开课等各种各样的活动和组织，帮助创业者形成小社群。在这个社群里，大家互帮互助，分享融资的成功经验和创业的失败教训。

在兰宁羽看过的诸多项目中，下厨房是其中的典型。创业之初，下厨房的创始人Tony带领团队在回龙观小区的一个民宅里经历了三次资金濒临断链的危机，每一次都是通过天使汇的平台获得一笔小额融资从而继续研发。Tony是一个典型的技术宅男，因为不会讲故事，所有投资人和他见完面之后，都说这个人不行，故而不投。但是在兰宁羽看来，这个项目的产品确实做得非常好。"太多太多的创业者都不会讲故事，天使汇所能做的就是帮助他们不断提升融资的能力，让那些外面裹着沙子的金子最终脱颖而出。"兰宁羽感叹，"天使汇所做的一切，都为一个目的，就是帮助创业者解决融资难题。在中关村创业大街上，有很多创业服务机构，包括孵化器，他们的项目也都跑到天使汇来融资，因为天使汇融资速度快，效率高，我们只干这一件事。"

在天使汇的平台上，创业者如果融资不成功的话不需要支付任何费用，如果融资成功的话，创业者只要出让1%的股权作为中介服务费，以后就可以在天使汇平台上做任何融资，都不再支付任何费用。用兰宁羽的话说，就是"一次性收费，终身制服务。"

一网通痛点通

对于创业者来说，融到资金后，并非万事大吉，还有很多复杂的事情需要处理。比如怎样管理股东,怎样设定董事会和公司的章程,怎样设定股东权限,等等。事实上,99%的创业者都弄不懂,这是很大的痛点。为此,兰宁羽在两年前又打造了一网通平台。一网通初期阶段要解决的事情,就是将注册公司变得像注册QQ、微信号一样简单。

目前,一网通的公司注册系统已经上线并覆盖北京市海淀区,即将扩展到全市范围。"我们在系统里面把过往工商登记所有遇到的和可能出现的问题全部做了数据挖掘,尽可能避免创业者填写过程当中产生错误,把很多填空题改成了选择题。另外,我们也把这个过程和相关行业做了分析。"兰宁羽介绍。

考虑到大量的创业者都是宅男、工程师、极客和程序员,沟通能力相对较弱,不太喜欢跑工商局办事大厅,一网通在资料提交的匹配和去工商局大厅办事的流程上面做了有意思的创新,提交的文件都设置了二维码防伪,通过匹配打印,让文件和工商局最终备案登记的文件完全一致,其他任何人无法篡改。创业者不需要亲自去工商局,直接在电脑前就可以完成公司注册。由系统自动生成办理材料,创业者只需签字盖章,后续有快递上门收取材料和寄送执照。而一网通与北京市工商局合作,数据安全有保障,不用担心自己的身份信息被泄漏。

针对完成融资的创业者,一网通平台还有管股东的功能。一网通平台运用大数据工具,分析出创业过程中普遍面临的痛点,努力通过平台服务,集成公司治理和投后管理等环节,为用户提供高效、透明、安全的服务,降低创业成本,促进投融资的规范健康发展。

"初创企业对于股比的计算、股权架构的设立及变更、董事会和股东大会议事机制的确立、股东的管理规则等很多内容都没有明确的概念,聘请专业律师的费用又很高,一网通平台就能解决创业者这个痛点。"兰宁羽说,"我认为提升创业者管理股东的能力,其重要程度不亚于管理公司,很多创业者在这方面的管理能力是非常薄弱的。在股权众筹的模式下，有时候股东会多达几十人，创业者必须提高管理股东能力。"

融资之后，创业者需要在规定时间内将资金使用情况向投资人有所交代，而投资人也需要在给钱之后提供更多的资源和帮助力，一网通正好搭建了这样一个平台，系统性地构建了经营者与投资者之间完善的沟通机制，通过更为透明的信息披露，极大地提高了创业公司的效率，并降低了利益双方冲突的风险。

一网通所提供的工商、公司治理及投后管理服务，不仅为当前几近沸腾的创业市场添加了一道强有力的保障，也为公共服务市场化贡献了自己的力量。创新创业是一个系统性的工作，只有更好地完善相关服务体系，才能解决创业者从初始到目标达成所遇到的一切痛点。

第三章

赢在众筹
——如何才能玩转众筹

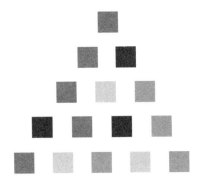

CEO解构众筹平台

众筹似围城，有人进，有人出。比如摩点网宣布进军游戏众筹市场，最大众筹平台"点名时间"撕下众筹标签。

以下我们就来解构"最接地气"、"最灵活""最靠谱"和"最纠结"的众筹模式和平台。

最接地气——戈壁创投"文创"拔头筹

"你投了那英，还是投乐嘉？"众筹的出现，这句话完全可以出自一个屌丝之口。

从点名时间的《大鱼·海棠》到众筹网的"快乐男声"主题电影，影视众筹以粉丝效应为翅膀，用最快速度走向主流市场。众筹网CEO孙宏生认为，粉丝效应在文创（文化创意）众筹领域极具复制性。点名时间CEO张佑则认为，众筹只是借了明星的光，靠粉丝效应有违众筹的本质。戈壁创投合伙人徐晨认为，从长期来看，众筹平台的健康发展还是要靠非明星项目来支持。

国外众筹平台Kickstarter为2013年奥斯卡颁奖礼输送了《KingsPoint》等3部优秀短片。在国内，文创类众筹项目同样"开花且结果"。点名时间《大鱼·海棠》曾在点名时间融资额排名第二，1个月内近3600人支持人民币158万元；天娱传媒和众筹网发起的快乐男声电影，20天内就有38000多名粉丝出资超过了50万元。

缘何文创类众筹能如此得到青睐？从行业属性上来看，徐晨表示，影视和音乐这样文创类众筹产品会比较受欢迎，其重要原因是，用户判断相对容易，周期也会相对较短。

孙宏生认为，通过明星项目，杀入相应的细分领域，是让市场接受众筹的最佳方式。从众筹网的成绩单上看，那英演唱会、快男电影等案例均证明了他的这一论断。此外，利用粉丝效应还大量节约了营销推广成本。"从一定程度来说，这种众筹模式相当于一种不会失误的市场分析。"

张佑持不同观点。他认为利用明星效应有违众筹的初衷。他向记者分析："现在任何一众筹项目如果找最知名的艺人来做，肯定能成。但要注意到，这些艺人其实去任何平台或者自己发布都可以达到一样效果。而众筹只是借了光而已。"在张佑看来，众筹的初衷也都是为了帮助草根，而非艺人。

最灵活——淘梦网越垂直越深入

最初淘梦网也是综合型众筹平台。当众筹平台老大哥"点名时间"拿到第一轮融资时，我们意识到，如果要生存下去，必须深挖垂直领域，就选择了微电影这一细分领域。因为我们发现，在Kickstarter上一些文艺类型电影还是比较容易胜出的。再加上我们初创团队还没有经验和资源无法驾驭太专业的领域，当时2012年智能硬件也不红火。

但不久就发现，纯走文艺路线，是根本没办法生存下去。于是开始寻求商业化运作。

目前，发起者可以把片子放在淘梦网进行众筹，然后我们帮忙去视频网站进行发布、推广、运营以及宣传。盈利方式有以下几种：首先，视频网站可以给我们广告分成；其次，一些小众或者高质量的片子还能做到付费点播；第三种方式也在尝试一些植入广告，尤其一些创业型公司比较喜欢来平台选择一些微电影进行广告植入合作。其实，整个流程跟电影行业有点类似，只不过我们规模小、资金少。

运作两年来，我们感触很深的是，目前脱颖而出的影片要么非常小众，比如同性恋题材等，要么就是利用明星或粉丝效应。在推广路径上，我们发现学生项目会比较容易成功，他们会借助周围小伙伴或者学生会的力量。

从支持者的回报角度上看，国人更喜欢实物回报，我们也希望尽可能去做影视周边的小物件，比如水杯、明信片或海报。有人说这些东西不能打动支持者，我并不是这样认为。并不是支持者的回报不够分量，而是发起者方面缺乏创意的作品。在国外街头卖艺是一门艺术，而这种逻辑在国内行不通。文化差异导致国内目前成功的影视众筹的数量远远少于国外。

最靠谱——《众筹工坊》以服务打造品牌

最及时的资讯，最独家的内容，最靠谱的服务，构成了《众筹工坊》想要的全部。

2014年以来，众筹概念在国内一路火爆，迅速引起了各界人士的关注，与之相伴的是相关服务平台也如雨后春笋般纷纷上线。这其中，号称国内第一家独立综合众筹自媒体《众筹工坊》以其独树一帜获得了业内瞩目和好评。该自媒体5月初上线后，很快就在业内锁定了自己的第一批粉丝。平台上线之初，创始人江南把《众筹工坊》定位为一个独立众筹综合资讯平台，通过结构化的栏目安排为读者提供及时、全面、可靠的众筹资讯，并以其客观、中立的办刊态度在国内众筹领域赢得良好的口碑。

5月份的证监会调研，为《众筹工坊》完成了第一阶段的口碑积累。5月份众筹概念刚刚兴起，证监会反应神速，很快就在上海召开了第一次众筹行业座谈会，并对众筹的定位进行了明确。在该会议召开的当天晚上，《众筹工坊》就以其独特的信息渠道和过硬的职业素养，率先独家发布报道，成为国内第一家报道相关内容的媒体。此后，有关众筹的政策传闻甚嚣尘上，各种版本层出不穷，让众筹业人士颇有无所适从之感，《众筹工坊》基本都在第一时间发布相关信息，及时对政策动态进行报道,为读者提供第一手信息,获得了业内人士的充分肯定。

独家原创内容的推出,使《众筹工坊》的口碑指数再上台阶。一段时间的运作之后,江南发现,虽然自己制作很用心,工作很努力,但效果却在逐步递减。因为独家新闻不是时时都有,而其他资讯则存在严重的同质化问题,往往一个新闻会同时在十几家自媒体上出现。"如果你不能提供独家内容,你就很难持续的吸引到读者的眼光,也就很难在众多的同道中脱颖而出。"基于这个想法,《众筹工坊》很快推出了"品牌提升合作共赢"原创作品计划以及每周一次的高质量专业访谈,以"无中生有"(某网友评论)的方式,制造独家优质内容,并再一次赢得了业内朋友的认可,口碑指数再上一个台阶。截止到8月初,《众筹工坊》已刊发近200篇优质众筹资讯,其中独家头条内容占三分之一左右。

"最实时、最独家、最靠谱,是我们提供给用户的最大价值"。这是《众筹工坊》的核心竞争力。不过随着众筹行业的逐步发展,仅仅以资讯作为服务内容,已不能满足人们的需要,也难以树立《众筹工坊》的核心竞争力。根据目前众筹需求强烈但多数人对众筹概念还很模糊的情况,下一步,《众筹工坊》准备以众筹相关服务为切入点,为有需要的中小企业和个人提供众筹方案设计、项目推广以及筹后管理等覆盖筹前、筹中及筹后的全面服务,同时逐步建立众筹培训体系,做好众筹知识的普及工作。"我们希望能够以价廉质优的服务,帮助更多的中小创业者实现梦想,打造《众筹工坊》的综合服务品牌。"目前,《众筹工坊》已经组建了包括垂直众筹平台创始人、品牌策划人、知名律师在内的专业团队。

最纠结——点名时间转型纠结半年

点名时间用了三年时间打造国内最大的线上众筹平台,现在又把这一标签撕掉，打造智能硬件的首发平台。这个过程点名时间纠结了半年。其实不是点名时间不再做众筹，而是把众筹的精髓提炼出来，用更简单明了的标签来定位自己。

有两个理由：首先，众筹这个词的涵义太广了。从国际上来说，本身就有股权、债权、回报和公益四大类众筹平台。这就给网站定位或者网站推广的时候造成了困扰。很多人看到众筹，第一想到就是筹资甚至集资，就想到投资你啊。其实点名时间不是，点名时间一直都偏向于新形态的电商。既然不能让大家在五秒内理解我们是做什么的，点名时间宁可去掉标签，直接告诉大家点名时间在做什么。

其次，也是根据创业者的需求来改变。其实资本大量涌入智能硬件，他们并不缺钱，而是缺少一个首发平台。现在在点名时间，发起人能筹集到的不仅仅是钱，还有其所需要的资源。公司也不会把众筹的模式给剔除掉，但它只是点名时间众多链条上的一个环节。这样，更接近市场运作。

其次讲讲为何点名时间做智能硬件。国内的状况跟国外不一样，即使点名时间有了像《大鱼·海棠》和《十万个冷笑话》这两个筹资金额很高的成功案例，但国内愿意支持这类艺术文化类项目的人还是少数。大家愿意掏钱支持的还是产品、实物类型的项目。另外也是看到智能硬件未来的趋势。虽然目前智能硬件的众筹项目，还没有一个到千万级别的，还在一个培育阶段。

从产品的角度来说，更生活化的产品更接地气。点名时间很多偏极客的项目，这仅仅是小众市场。以之前成功的众筹项目智能水杯为例，这是比较贴近生活和市场的产品。因为从来没有一个杯子提醒你忘了喝水，杯子用了简单的方案做出来了，大家一看就很心动。类似这样的产品可能会是一个趋势。

国内众筹的10个经典案例

众筹在国内还是初期阶段,各种众筹融资的案例很多,但成功运作的项目却是凤毛麟角。接下来分享国内众筹的十个经典案例:

案例一:美微创投——凭证式众筹

朱江决定创业,但是拿不到风投。2012年10月5日,淘宝出现了一家店铺,名为"美微会员卡在线直营店"。淘宝店店主是美微传媒的创始人朱江,原来在多家互联网公司担任高管。

消费者可通过在淘宝店拍下相应金额会员卡,但这不是简单的会员卡,购买者除了能够享有"订阅电子杂志"的权益,还可以拥有美微传媒的原始股份100股。朱江2012年10月5日开始在淘宝店里上架公司股权,4天之后,网友凑了80万。

美微传媒的众募式试水在网络上引起了巨大的争议,很多人认为有非法集资嫌疑,果然还未等交易全部完成,美微的淘宝店铺就于2月5日被淘宝官方关闭,阿里对外宣称淘宝平台不准许公开募股。

而证监会也约谈了朱江,最后宣布该融资行为不合规,美微传媒不得不像所有购买凭证的投资者全额退款。按照证券法,向不特定对象发行证券,或者向特定对象发行证券累计超过200人的,都属于公开发行,都需要经过证券监管部门的核准才可。

案例二:3W咖啡——会籍式众筹

互联网分析师许单单这两年风光无限,从分析师转型成为知名创投平台3W咖啡的创始人。3W咖啡采用的就是众筹模式,向社会公众进行资金募集,每个人10股,每股6000元,相当于一个人6万。那时正是玩微博最火热的时候，很快3W咖啡汇集了一大帮知名投资人、创业者、企业高级管理人员，其中包括沈南鹏、徐小平、曾李青等数百位知名人士，股东阵容堪称华丽，3W咖啡引爆了中国众筹式创业咖啡在2012年的流行。

几乎每个城市都出现了众筹式的3W咖啡。3W很快以创业咖啡为契机，将品牌衍生到了创业孵化器等领域。

3W的游戏规则很简单，不是所有人都可以成为3W的股东，也就是说不是你有6万就可以参与投资的，股东必须符合一定的条件。3W强调的是互联网创业和投资圈的顶级圈子。而没有人是会为了6万未来可以带来的分红来投资的，更多是3W给股东的价值回报在于圈子和人脉价值。试想如果投资人在3W中找到了一个好项目，那么多少个6万就赚回来了。同样，创业者花6万就可以认识大批同样优秀的创业者和投资人，既有人脉价值，也有学习价值。很多顶级企业家和投资人的智慧不是区区6万可以买的。

其实会籍式众筹股权俱乐部在英国的M1NT Club也表现得淋漓尽致。M1NT在英国有很多明星股东会员，并且设立了诸多门槛，曾经拒绝过著名球星贝克汉姆，理由是当初小贝在皇马踢球，常驻西班牙，不常驻英国，因此不符合条件。后来M1NT在上海开办了俱乐部，也吸引了500个上海地区的富豪股东，主要以老外圈为主。

案例三：大家投自众筹——天使式众筹

2012年12月10号，李群林把他的众筹网站大家投（最初叫"众帮天使网"）搬上了线。在这之后，直到今天10个月内，他做了5件"大事儿"——给"大家投"众筹了一笔天使投资、推出领头人+跟投人的机制、推出先成立有限合伙企业再入股项目公司的投资人持股制度、推出资金托管产品"投付宝"，"大家投"有了第一个自己之外的成功案例。

李群林之前是做技术和产品的，2012年想创业，可钱不够，想找投资却不认识天使投资人。环顾一圈，中国创业这么热，像他这样没有渠道推广自己的想法，苦于找投资人的创业者比比皆是。同时，除了那些能几十万上百万投资的天使投资人之外，中国还有大把有点存款、闲钱的人。而且，目前中国的天使投资人还太少，远不能满足创业者的需求。李群林想到做一个众筹网站，把创业者的商业想法展示出来，把投资人汇聚起来，让他们更有效率地选择。

那时，中国最早的众筹网站点名时间已经推出1年多，最开始李群林也想上去碰碰运气，看看能不能先帮自己筹到项目资金。但他发现，点名时间采用的是预购的方式，就像当时的法律规定那样，众筹网站给支持者的回报不能涉及现金、股票等金融产品，也就是对支持者来说，参与众筹是一项购买行为。李群林觉得这对自己来说有些不实际，自己做互联网项目，推出的大多是虚拟产品和服务，而且鉴于中国互联网的免费特征，很难事先跟支持者约定回报的方式。不仅对自己不适用，李群林也觉得这种认购的方式吸引力有限。买东西的动力不足，仅为了帮别人实现理想就拿出钱财支持这也不太适合国人的务实精神，至少难以扩散开来。李群林判断，把众筹作为一种购买行为会限制它的成长速度和规模，他觉得作为投资行为更符合大家参与众筹的需求。于是，他决定做一个股权融资模式的众筹网站。

第一个实验对象就是他自己的项目"大家投"。李群林把"大家投"的项目说明放在了网站上。那时，他的想法特别简单，创业者把自己的项目展示在网站上，设定目标金额和期限，投资人看了觉得不错就来沟通，然后投资成为项目股东，投的人多了逐渐把钱凑齐。众筹完成，平台收取服务费。

不久，有人给他建议，这么搞是不行的。投资需要专业能力，投资人需要带动，最好是设立领投人+跟投人的机制，可以通过专业的投资人，把更多没有专业能力但有资金和投资意愿的人拉动起来，这样才能汇聚更多的投资力量。同时，在投资过程中和投资后管理中，有一个总的执行人代表投资人进入项目公司董事会行使项目决策与监督权力。李群林采纳了这条建议，为"大家投"增加了这一条规则，投资人可以自行申请成为领投人，平台审核批准之后就可以获得这一资格。

"要想众筹得快，最好是创业者熟人+生人的结合"，聊起现在网站上还没筹资成功的项目，李群林反复强调这句话。众筹是个汇聚陌生人的平台，创业者最好能先发动自己的熟人支持自己，然后由这些熟人的行为带动平台上的陌生人。这是李群林的经验之谈，"大家投"到今年3月份共3个月时间成功筹得100万人民币，在项目团队只有自己一个人的情况下获得共计12个投资人的支持就是这样做到的。

大家投的12名投资人中，有投资经验的只有5个人。这有点像美国人所说的最早的种子资金应该来自于3F，Family（家庭），Friends（朋友）和Fool（傻瓜）。

在先被一些天使投资人拒绝之后，李群林把目光转向了微博与各类创投沙龙活动，在上面找认同他的人。最后，他找到深圳创新谷的合伙人余波，余波觉得大家投的股权融资众筹模式是当时能填补初创企业融资渠道空白、构筑微天使投资平台的业务模式，所以决定做一做这种金融创新背后的推手。于是，创新谷成为了"大家投"这个项目本身第一个投资者，也是唯一一个机构投资者。有了创新谷的信用背书，大家投又成功吸引了后面11个跟投人。这12位投资人分别来自全国8个城市，6人参加了股东大会，5人远程办完了手续，这里面甚至有4个人在完全没有接触项目的情况下决定投资。

大家投网站模式是：当创业项目在平台上发布项目后，吸引到足够数量的小额投资人（天使投资人），并凑满融资额度后，投资人就按照各自出资比例成立有限合伙企业（领投人任普通合伙人，跟投人任有限合伙人),再以该有限合伙企业法人身份入股被投项目公司,持有项目公司出让的股份。而融资成功后,作为中间平台的大家投则从中抽取2%的融资顾问费。

如同支付宝解决电子商务消费者和商家之间的信任问题,大家投将推出一个中间产品叫"投付宝"。简单而言,就是投资款托管,对项目感兴趣的投资人把投资款先打到由兴业银行托管的第三方账户,在公司正式注册验资的时候再拨款进公司。投付宝的好处是可以分批拨款,比如投资100万,先拨付25万,根据企业的产品或运营进度决定是否持续拨款。

对于创业者来讲,有了投资款托管后,投资人在认投项目时就需要将投资款转入托管账户,认投方可有效,这样就有效避免了以前投资人轻易反悔的情况,会大大提升创业者融资效率;由于投资人存放在托管账户中的资金是分批次转入被投企业,这样就大大降低了投资人的投资风险,投资人参与投资的积极性会大幅度提高,这样也会大幅度提高创业者的融资效率。

社交媒体的出现,使得普通人的个人感召力可以通过社交媒体传递到除朋友外的陌生人,使得获得更多资源资金创业公司皆有可能。

案例四:罗振宇用众筹模式改变了媒体形态

2013年最瞩目的自媒体事件:也似乎在证明众筹模式在内容生产和社群运营方面的潜力:《罗辑思维》发布了两次"史上最无理"的付费会员制:普通会员,会费200元;铁杆会员,会费1200元。买会员不保证任何权益,却筹集到了近千万会费。爱就供养不爱就观望,大家愿意众筹养活一个自己喜欢的自媒体节目。

而《罗辑思维》的选题,是专业的内容运营团队和热心罗粉共同确定,用的是"知识众筹",主讲人罗振宇说过,自己读书再多积累毕竟有限,需要找来自不同领域的牛人一起玩。众筹参与者名曰"知识助理"，为《罗辑思维》每周五的视频节目策划选题，由老罗来白活。一个人民大学叫李源的同学因为对历史研究极透，老罗在视频中多次提及，也小火一把。要知道，目前《罗辑思维》微信粉丝150余万，每期视频点击量均过百万。

罗振宇以前是央视制片人，正是想摆脱传统媒体的层层审批和言论封闭而离开电视台，做起来自己的自媒体。靠粉丝为他众筹来养活自己，并且过得非常不错。

案例五：乐童音乐众筹——专注于音乐项目发起和支持的众筹平台

乐童音乐近期完成了一个百万级的音乐硬件类产品众筹，成为原始会众多成功融资经典案例之一。其创始人马客表示，目前乐童音乐的主要支出是人力成本，所得融资会更多地去做产品，内容上也会有变化，多去拓展音乐衍生品、艺人演出方面，突破现有音乐产业模式，探讨更多新的可能。

马客认为，众筹模式已经改变了很多的行业和链条，这种方式很有价值，之前曾入驻众筹网开放平台，帮助乐童音乐在资源整合，以及产品曝光方面帮助不小。此次再次与网信金融旗下的原始会合作发起融资，他表示很受益，对股权众筹这种全新的融资方式抱有信心。

作为专注于做音乐的垂直类众筹网站，乐童音乐在音乐众筹，音乐周边的实物预售等方面已经取得了不小的成绩，在业内颇有名气。

当谈及乐童音乐能够成功融资的秘诀时，他认为，除了明确的商业目标和未来规划，对于一个初创企业来说，投资人很看重团队的执行力，因为这会直接影响到企业的运作。

据了解，除了乐童音乐，原始会还帮助过许多的企业成功融资。公开资料显示，截止到目前，原始会的合作创业项目已有2000多个，投资人（机构）超过1000位，成功融资的项目已有8个，融资额已经超过1亿元。

原始会CEO陶烨表示，基于互联网的优势，众筹最终也会把传统线下融资改为线上融资。一方面，投资人可以在这个平台上找到海量的融资。另外一方面，投资变化也可以在我们这个平台上找到，不会有一对一线下的渠道可以找到。此外，在这个平台上，互联网投融资双方，可以在这种海量信息中快速配对，快速找到买家和卖家。乐童音乐之所以能够快速在原始会融资成功，主要在于其项目足够优秀。"互联网金融是新兴行业，股权众筹市场潜力非常大，把线下的传统投融资，逐渐转到线上投融资，它是一个变革性的东西，是一次革命。

案例六：天使汇众筹——突破国内融资记录

2013年10月30日，天使众筹平台天使汇在自己的筹资平台启动众筹，为天使汇自己寻求投资。截止到11月1日5时30分，天使汇目前的融资总额已经超过1000万，超过天使汇自己设定的融资目标500万一倍，创下最速千万级融资记录。

天使众筹平台天使汇（AngelCrunch）成立于2011年11月，是国内排名第一的中小企业众筹融资平台，为投资人和创业者提供在线融资对接服务，是国内互联网金融的代表企业。天使众筹即多名投资人通过合投方式向中小企业进行天使轮和A轮投资的方式，相比传统的投融资方式，天使汇为创业者提供了一个更规范和方便的展示平台，为创业者提供了一站式的融资服务

案例七：联合光伏用众筹模式改变了企业融资

股权众筹虽然一直以来颇受争议，但仍然改变不了这种企业用众筹项目融资的热情。今年2月，联合光伏在众筹网发起建立全球最大的太阳能电站的众筹项目，项目是典型的股权众筹模式。

该项目预计筹资金额为1000万元，每份筹资金额为10万元，每个用户最多购买一份，所有支持者都将会成为此次项目的股东。项目截止到现在，已经超额完成了预定任务，总计筹资金额达到1000万元。

联合光伏这个项目无论是从规模上还是从具体实施上都给整个众筹行业起到了示范作用。而对于股权众筹受争议的部分，随着去年美国JOBS法案签署，今年证监会正式将股权众筹放到讨论事项，股权众筹得到相关法律支持的可能性非常大。到相关法律规定出台之时，相信一定还会有其他企业仿效联合光伏，用众筹的模式进行融资。

案例八：乐视用众筹开创了企业利用众筹营销的先河

国内知名视频网站乐视网牵手众筹网发起世界杯互联网体育季活动，并上线首个众筹项目——"我签C罗你做主"。只要在规定期限内，集齐1万人支持（每人投资1元），项目就宣告成功，乐视网就会签约C罗作为世界杯代言人。届时，所有支持者也会成为乐视网免费会员，并有机会参与一系列的后续活动。这可能是国内第一次用众筹方式邀请明星。

这次众筹项目的意义在于开创了企业利用众筹模式进行营销的先河。首先，利用了众筹模式潜在的用户调研功能。乐视网此次敢于发布签约C罗的项目，相信乐视网就早已准备好了要跟C罗签约世界杯，通过此次与众筹网联合，可以让乐视网在正式签约之前，进行一次用户调研。

其次，乐视网通过与众筹网的联合，给签约C罗代言世界杯活动进行了预热。乐视网充分利用了众筹潜在的社交和媒体属性，在世界杯还没到来的时候就做出了充分的预热。最后，乐视网可以接触此次活动拉动世界杯的收视，并且为正式签约C罗之后的活动积累到用户。

乐视网的这一创举一方面让众筹网越来越多地进入大家的视线，另一方面也给整个众筹行业起到了带动作用。但隐藏在活动背后，值得其他有相同想法的企业思考的是，通过众筹网，企业还可以怎么玩。

案例九：李善友用众筹模式改变创业教育

"求捐助！交学费！不卖身！只卖未来！"继91助手熊俊、雕爷牛腩孟醒等一批创业者高调网上众筹之后，微窝创始人钱科铭也紧随其后，于前几日在微博朋友圈喊话，向粉丝卖未来，筹集上中欧创业营的11.8万元学费。

"众筹学费"正是中欧创业营创始人李善友教授给新学员们布置的第一次实践任务，学员需要运用互联网思维来为自己筹集学费。而网上这些或真诚或诙谐的文章就出自于中欧创业营的第三期"准"学员们。

案例十：Her Coffee咖啡——海归白富美众筹

如果要说当下最时髦的互联网金融概念，非众筹莫属。但近日却爆出了66位海归白富美众筹的Her Coffee咖啡店经营不到一年就濒临倒闭的消息。在经历了起初的喧嚣后，如今越来越多的众筹咖啡店陷入了亏损窘境。众筹咖啡店为何玩不转呢？

如果说去年互联网金融最热门的话题还要属余额宝和P2P的话，那时下最热门的话题无疑是众筹了。无论是此前阿里推出的"娱乐宝"，还是7月初京东推出的"凑份子"，巨头们对众筹的追捧，也让众筹为越来越多人所知晓，成了不少人眼中新颖的投资理财方式。但作为海外最原始的众筹形态的移植，最早一批兴起的众筹咖啡店却在喧嚣过后，面临着亏损倒闭的窘境。

记得有位女性作家说过，每个女孩内心深处都驻扎着几个梦想精灵，其中就包括开一家属于自己的咖啡店的梦想。只是过去敢把梦想变为现实的女孩少之又少，然而借助众筹的力量，去年8月，66位来自各行各业的海归白富美，每人投资两万元，共筹集132万元在北京建外SOHO开了一家咖啡馆，名字叫Her Coffee。

这些美女股东几乎都有国外名校的背景，大多就职于投行、基金、互联网行业，最初只是八九个人凑在一起想开个咖啡店，因为钱不够，于是又各自拉进来不少朋友，最后开了这家被称为"史上最多美女股东"的咖啡馆。

记得开业当天，影视明星李亚鹏，主持人王梁、李响，暴风影音CEO冯鑫，银泰网CEO廖斌等众多明星、企业家都前来捧场，好不热闹。

当初，这家咖啡店的股东们声称她们将会举办各种主题活动，以吸引创业女性来此聚集，可谁曾想到开业不到一年，却传出要关店的消息。股东之一的李彤（微博）说，目前她们确实在商讨这个问题。她说："可能是一个准备吧，你有几个决定都需要通过股东大会嘛。比如说新的股东介入啊，没有的话是不是要暂时闭店，是不是要换地方啊。如果我们没有新的方案出来那就闭店，然后再选新地方。"

事实上，Her Coffee的情况并非个案，去年长沙一家吸纳了144个股东的众筹咖啡馆，同样在摸索近一年后，因为持续亏损，正面临倒闭；杭州一家有110名股东的众筹咖啡馆开业一年半，同样收支从来没有实现过平衡。同样例子不胜枚举。

然而有意思的是，几乎所有众筹咖啡店的小老板们，在当初开店时被问及如果今后经营业绩不佳该怎么办时，几乎清一色回答是"我们不以盈利为目的"。在他们看来，众筹咖啡店不但是一种很新颖有趣的创业形式，而且咖啡店本身所散发的小资情调和天然的交流平台的功能，才是他们最为看重的卖点。

只是套用一句有点烂俗的话：理想很丰满，现实很骨干。不盈利并不代表能保证不亏损，不以盈利为目的不代表亏钱了也无所谓。之所以不少众筹咖啡店在经营将近一年时传出面临倒闭的新闻，正是因为当初开店时众筹的原始资金只够第一年初始投资费用，即装修、家具、咖啡机等一次性硬件投入和第一年的租金。假如第一年咖啡店持续亏损，则意味着咖啡店只有两条出路：要不就是进行二次众筹，预先筹集到第二年的房租、原料、水电、员工等刚性成本，继续烧钱；要不就是关门歇业，一拍两散。

事实证明,对大部分参与众筹的股东来说,"不以盈利为目的"甚至"公益性质"的说辞只是一种冠冕堂皇的高调子,毕竟砸进去的是几千甚至几万元血汗钱,大部分股东还是希望咖啡店能赚钱并给自己带来投资回报,即使不赚钱,如果咖啡店能维持经营也行。但如果持续亏损,那这个资金缺口谁来承担呢?第一次众筹成功依靠的是希望和梦想,当盈利希望破碎后,又有几人愿意再通过二次众筹,往这个亏损的无底洞里砸钱呢?因此关门歇业成了最理性的选择。

众筹之前要思考的5个问题

众筹是一个可以让大家来发布项目实现投资的平台,未来可能成长为参天大树。做大平台没有错,但当大潮退去,互联网的特性决定了市场一般只能存活一到两家最牛的平台。在你打算冲进众筹大潮之前,必须先想好下面几个关键问题。

众筹大平台如何做?

"烧钱"、"快速烧钱",用市场化的方法快速获取用户,集聚项目,快速形成"壁垒",引领众筹行业导向,互联网的商业形态与传统金融的商业形态的区别在于投资周期更长,这与VC的投资周期是相对应的,一般7~8年,才能实现稳定的赢利,所以众筹大平台的成功一定离不开资本市场的接力棒,从天使到A轮到B轮到C轮或D轮。

纵观各家众筹平台,项目成功率大都不高,如果把项目发起人申请但未通过平台审核的也计算在内,成功率更低,所以各家平台其实都特别缺好项目,这正是现在众筹平台的痛点。众筹项目的制作包括:

策划、文案、美工，更精致的制作还会加上视频的创作，所以众筹项目的策划是个专业细致的活，随着众筹行业的发展，为众筹做配套的服务市场前景广阔。年轻的创业者，如果对众筹感兴趣，可以从这方面入手。众筹项目的优点是进入门槛低，风险也低，缺点是很难有高的增长性到最终的成功，是筹资的现金流支撑了整个公司的现金流，而营业现金流和投资现金流可能要等到多年以后了。当然一味蛮干的烧钱也必然是不负责任的，烧钱方向和力度的拿捏是众筹大平台成功的关键。改变用户习惯、提升用户满意度、增强用户黏性的烧钱，砸得越狠越猛，众筹大平台的估值越大。

垂直型众筹平台可行吗？

对于普通的创业者，没有雄厚的资本做后盾，做个专业领域的小平台，能搭上众筹这波风口吗？众筹小平台的切入点非常关键，这个切入点是未来不会被大平台冲击的保证。但这是个次优的选择，短期可以增加小平台的存活率，长期必将陷入进退两难的境地，"进"没有成长性，一旦想进入大市场必然面临已成熟大平台的狙击，退已无路可退。众筹小平台必然需要专业的行业背景支撑，所以众筹小平台的定位更适合已有企业的行业多元化布局，未来的成功是以整个公司集团的成长为收获，实现与原有主业的配套成长。普通的创业者，尤其是无行业背景的创业者，请慎之！

做众筹项目是个优选吗？

每个人或团队的服务容量一定是有限的。做众筹项目是个经济适用男的定位，你觉得是优选吗？

众筹是做平台还是做项目？

时光如果可以倒转到2002年，你会选择做淘宝还是到淘宝上开个店？今日市场热议如何做众筹的前提是有非常多的人开始创业了，创业是个好时代，创业的竞争性也在增加。现已成立的137家众筹平台，其中至少21家已经倒闭或无运营迹象，6家发生业务转型。众筹飞起来了，越来越多的众筹公司正在路上，平台和项目的选择将会有更多的人需要面对。

法律对股权众筹有哪些规定？

2014年12月18日中国证券业协会公布了《私募股权众筹融资管理办法（试行）（征求意见稿）》，明确规定股权众筹应当采取非公开发行方式，并通过一系列自律管理要求以满足《证券法》第10条对非公开发行的相关规定：一是投资者必须为特定对象，即经股权众筹平台核实的符合《管理办法》中规定条件的实名注册用户；二是投资者累计不得超过200人；三是股权众筹平台只能向实名注册用户推荐项目信息，股权众筹平台和融资者均不得进行公开宣传、推介或劝诱。《私募股权众筹融资管理办法（试行）（征求意见稿）》，规定众筹项目不限定投融资额度，充分体现风险自担，平台的准入条件较为宽松，实行事后备案管理。

如何制作众筹商业计划书

招股说明书的结构、要点、披露范围等对股权众筹商业计划书来说，具有重要的参考意义。

商业计划书是企业经营的"兵棋推演"，用来初步分析创业目标实现的可行性，也用来评估创业者的管理水平和创业项目的发展能力，因而投资人在考察项目的过程中，对商业计划书的质量是比较看重的。

股权众筹的发起人，如何完成一份高质量商业计划书呢？

1.商业计划书通用要素

制定商业计划书的根本目的，是要说明清楚：创业企业需要多少资金，为什么值得进行该笔资金的投资？

通用的商业计划书大致包括十部分来说清楚这两个问题。

（1）摘要，让读者能在最短的时间里评估商业计划并做出判断。

（2）企业和项目介绍。

（3）产品/服务介绍。重点是新技术、新工艺或新商业模式将带来的新发展。

（4）市场需求。

（5）市场销售渠道。

（6）产品/服务的定价策略。在市场波动中，企业需重视现金的收支，因此流动资金常常比利润更为关键。

（7）发展战略和风险分析。

（8）企业管理。

（9）需要花较多的精力来做具体分析的销售预测和财务预测。

（10）其他需要说明的事项，如选择投资者的条件和要求等。

2.股权众筹商业计划书独特性

平民化。

目前在股权众筹平台上的投资方一般以个人投资者为主，平台运作方式上也表现出平民化屌丝风格，因而商业计划书的结构要简单，具有去权威化特点。如果一味地照传统投资基金经理的标准完成一份商业计划书，估计投资人们会大呼没劲。因此某些众筹网站在开发项目时，并没有像传统投资机构那样要求创业者一定要有严谨的商业计划书，也没有把商业计划书放到网站上供投资人下载或审阅，而是把商业计划书的核心关注点和精髓抽取出来，做成可读性和视觉效果更好的材料，比较注重移动阅读和"美术"体验，特别强调阅读的趣味性。

对那些缺乏经验的个人投资者，特别是从网上来的投资人而言，看正儿八经的商业计划书是件很头疼的事，他们更乐意对自己感兴趣的或者原本比较熟悉领域的项目进行投资尝试，毕竟众筹投资门槛低，一旦成功，收获和趣味无穷。专业而正经的投资分析与判断，在一定程度上，需要领投人关注更多，也有赖于像某些网站自身那样的投资经理团队去把握。

具有招股说明书的属性。

招股说明书是就融资或发行股票中的有关事项向公众作出披露，并向非特定投资人提出入股要约的邀请性文件。可以这么说，股权众筹的商业计划书，就是一份招股说明书，不是吗？传统意义上，商业计划书是向少数特定投资人进行融资或其他目的而制作的文件，而招股说明书用于公开融资招募股东而制作的文件。股权众筹是不能避讳招股的属性的，招股说明书的结构、要点、披露范围等对股权众筹商业计划书来说，具有重要的参考意义。

特有内容和投资人的福利。

股权众筹项目的产品设计，要有特色地设计投资人权益、参与机会和资源利用，在其商业计划书中则需要对这些设计的内容进行表述和披露。包括但不限于向投资人免费赠送一些新产品，给投资人试用机会，提供特别VIP的待遇……让投资人更深刻地认识到新产品的作用和意义，同时利用投资人的社会联系来有效地扩大新产品的影响力，开拓销售渠道。

需要符合众筹平台的要求与规范。

股权众筹一般是通过平台来进行，可以充分利用到平台的标准化服务，利用到平台的广泛资源型群体，这其中就包括遵从商业计划书的要求与规范。融资不通过平台来进行，可能每个人表述一个项目的角度和详略都不同的，通过平台，就一致而规范了。众筹项目是否能够融资成功，一方面取决于项目本身，另一方面取决于平台的传播与背书属性。做众筹平台的商业计划书，不但要方便于在线浏览，还要方便于传播。

融资过程中要不断进行内容更新。

传统的商业计划书通过纸质或者文件来传递的，只要发出来就已经过时，企业一直在变化和成长中。股权众筹平台一般都是一个互联网在线平台，项目方可以随时更新、补充项目资料，保持重要事项的更新和同步。补充的信息可以是产品进展、团队变化、市场反馈，也可以是融资过程中其他投资人的反馈与评价，实现的融资进展。最新的资料和及时的互动，往往是产生信任感，促进投资人做出投资决定的重要因素。

如何设计一个股权众筹项目？

股权众筹项目和传统融资项目一样，都需要向投资人披露商业计划书，不同的是，股权众筹项目是面向大众募集，因此在信息披露方面需更加完整、更加规范，除此之外，针对"众筹"这一特征还需附加一些特定说明。

股权众筹项目作为一个融资项目，自然必不可少地需包含传统融资项目商业计划书中的一些基础信息，例如公司信息、股权结构、团队信息、产品/服务信息、经营情况、未来规划等，这些已是老生常谈了。然而对于股权众筹来讲，还需要哪些额外说明呢？

1.融资额范围

股权众筹产品除了确定融资额度和出让股份外，还需定义众筹成功的融资额范围。股权众筹产品因其面向大众，所以很有可能融资少于100%，也有可能超过100%。如果融资额少于100%的情况下，多少比例是可接受范围，低于多少比例将视为募资失败，是需要在股权众筹产品设计时说明的。以天使街某项目为例，目前该项目认筹100万元（出让10%股份）已满额，但如果项目最终只融到60万，项目方是否同意融资60万，出让股份6%？同样，融资比例的上限设定为多少，高于多少比例的认筹将不再接受，这些也需要在股权众筹产品设计时明确。

2.股权众筹时间

传统融资项目商业计划书一般都非对外公开，因此在融资时间上没有特定的要求，融资方案可以根据时间推移和项目进展随时调整内容。然而，通过股权众筹的方式，其信息资料在有限时间内一般都不允许被更改，因此通常需要设定募资时间。众筹期限一般为正式对外公布后的2个月内，同时还需要说明的是，如果时间到期而募资额未完成的情况下，是否支持延长众筹时间，延长的期限为多久，等等。

3.领投人要求

目前众筹入股项目公司的方式通常为：全部投资人共同成立一个合伙企业，由合伙企业持有项目方的股权。执行合伙人将代表有限合伙企业进入项目企业董事会，履行投资方的投后管理责任。执行合伙人一般即是众筹领投人，项目说明书上可以对其提出条件要求，例如领投人必须是某领域专家、某认证协会会长、上下游某公司老板等，除此之外，对领投人的认筹比例也可以设定一个范围值。

4.跟投人要求

除领投人之外的众筹投资人都称为跟投人，《合伙企业法》规定，有限合伙企业由两个以上50个以下合伙人设立，因此跟投人不能超过

49人。但在实际操作中，项目方会根据自身情况来设定投资者人数范围，以及每位投资者可以认筹额度范围。例如，对于传播性要求较高的消费类项目，可以将每份认筹额设定低一些，投资者多，有利于传播。对于整合性要求较高的资源类项目，可以将每份认筹额设定高一些，这样门槛高些，投资者虽然少了，但相对专业些。这些都可以根据具体情况来设定。

5.诚信管理

投资人在确定了投资意向后，可能需要对项目进行多轮访谈，项目方也可以对投资人进行筛选，此时就涉及到投资人优先权重问题。在签订了合伙企业协议之后，投资人才将投资款打入相应账户中，从意向到打款的整个周期较长，也会出现投资人变动等问题。诚信管理有效地解决了该类问题，大大增加整个众筹过程的效率和规范性。不同股权众筹平台有不同的诚信管理机制，例如诚信评分机制、保证金制度。某些平台使用的是保证金制度，在众筹产品设计时可以设定缴纳保证金的投资人优先权机制以及保证金的退还机制等。

6.认筹投资人特定权益

投资人往往投资股权众筹项目，除了实现财务投资的目的，往往也是融资项目的忠实粉丝，他们往往有浓厚的兴趣参与到项目中来，成为前期种子客户或者VIP会员客户，或者提供特别的资源对接与帮助，这是股权众筹除了筹资金之外，极为重要的一方面。因此，如何有效地运用首批资源，给予众筹投资人特定权益，也是众筹产品设计时最引人注目的一部分。例如，产品试用权、服务终生免费权、网站金牌会员、代理分销权，等等。

让众筹项目在一天突破目标的技巧

对于创业者来讲,众筹并不陌生,甚至有些创业项目已经在试水众筹市场,然而其中成功的项目很少。原因在哪?

e人筹,作为国内首家互联网初创企业专属股权众筹平台,其创始人王国旭与创业者总结出众筹平台关注的几项核心要素,希望可以帮助创业项目避免在众筹道路上走弯路。

大家都知道众筹能给初创企业带来资金和人脉,但是可能大部分人并不太了解众筹平台到底如何选拔项目。能够到我们众筹平台筹资的大部分创业项目都是被专业的风投筛选过的,所以我们要再从中选取优秀的案子无疑是难上加难。

我们平台从5月9日上线试运营到现在,大小不一的项目收到四、五百个,但是上线项目只有十多个,成功通过率极低。因为我们收到的项目BP(商业计划书)很多都是大篇幅介绍项目,而忽略了其他因素。其实对于我们e人筹平台来说,定位是互联网初创企业的线上"天使轮融资",我们更看重的不是商业模式,而是商业模式之外的东西。就像如果两个人只是谈恋爱,可能你拥有华丽的外表就够了;但是如果两个人想要结婚,只有外表是不够的,还需要考虑到更多因素。

1.创始人的胆商

顾名思义,只有胆大的创业者才有可能做得更大,走得更远。当然,这个胆大不是去违法,去杀人放火。这个胆大指的是,作为创始人,你有没有破釜沉舟、放手一搏的勇气,有没有无数次失败再无数次站起来的勇气！有胆商的创始人，任何困难都阻挡不了他前行的脚步，终会有成功的一天！

2.创业团队

简单说，天使阶段投的就是人。首先是创始人，其次是创始团队。现在不是单打独斗的年代了，俗话说一个篱笆三个桩，一个好汉三个帮。创始人能不能在创业之初、资金短缺的情况下，靠个人魅力吸引一批有能力的人一起干非常重要。而且，最好是能力资源互补型的创业团队。

3.股权架构

这是很多创业团队最容易忽略的一点。股权架构的合理性直接影响团队后续的发展。市场上，因为股权架构不合理而陷入危机的企业比比皆是，我就不一一列举了。在这里，我只想强调一点：无论多少人创业，一定不要采取股份均分的方式，这会造成团队后续遇到重大问题无人做主的尴尬局面。

4.市场空间

我们平台考察项目还有一个不成文的规定，就是这个行业市场空间一定要足够大。大到在项目启动两年内足以容纳多家同类型企业共存。这也是我们创业一路走来总结出来的经验。

5.商业模式

最后我们要看的，才是这个项目的商业模式在逻辑上是否成立，落地执行能否实现。不要太在意你的创意和想法是否会被投资人了解，要相信投资人的职业操守。另外，全世界只有你自己有这个想法，和全世界所有人都有这个想法，其实是一样的，都无任何意义。想法只有变成实际行动、落地执行下去才有意义！

6.试点数据（如有）

如果你在项目投放众筹平台时，已经有了一定量的运营数据，那么你更容易成功募集到资金。

众筹平台是一个神奇的地方,它可以让你在获得资金的同时,还获得用户的关注。但是想要成功达到众筹目标,则并非易事。

对于创业者来说,找到一个价值数百万美元的创意仅仅是迈向成功的第一步。将创意和概念变成一个真正成功的企业,是一件非常困难的事情。如何在一天内获得大量众筹融资?

1.让受众在短时间内了解你的创意

在给项目起名字的时候,我们花费了大量的时间,我们试图用简单的两句话让受众理解我们,至少要让他们知道我们试图解决的是什么问题。只有这样,他们才会继续阅读我们的众筹页面。你要仔细设计项目标题、简介以及页面安排。你要假装自己只有几秒钟的时间,你要在这几秒内让受众理解你到底是干什么的。

2.项目发布之前不要藏着掖着

除非你是Elon Musk或者是Richard Branson,否则你用不着担心有人会偷走你的创意。因此不要刻意在众筹项目发布之前把创意像天大的秘密一样藏起来。你身边的好友和家人将会非常愿意帮你宣传项目,对于一个刚刚上线的项目来说,亲朋好友的分享是非常重要的。

3.融资目标越低越好

经验告诉我们,设定一个较低的融资目标会给你带来许多好处。事实上,如果你的目标是5000美元,最终获得了1.1万美元,其宣传效果要远好于目标是1万美元,最终获得了1.1万美元的项目。

4.假设自己的生产时间将会延迟

你要给自己留出富裕的时间,配送稍晚一点点,并不会影响你的融资结果。

5.提前计划好众筹目标调整

在项目进行到一半的时候,如果你想继续有良好的势头,可以选择调整众筹融资目标的方式，也就是提高目标金额。例如，你原来的目标是5万美元，在达到这个目标之后，你可以将目标调整到8万美元。如果成功达到这个新的目标，你的支持者将会获得额外的奖励。这样做的好处就是让你的已有支持者重新开始关注你，并且鼓励他们在朋友圈内分享你的项目，从而让更多人看到你。

6.将"为什么"作为卖点，而不是"是什么"

如果你想和用户社区建立起良好的关系，你应该向他们讲述自己为何会开发这样一个产品。如果你只是讲述你的产品是什么，他们不会感兴趣。

人们买的不仅仅是你的产品，还有你的故事。众筹平台的用户社区想要知道你为何会放弃以前的工作，转而开发一个全新的产品来给这个世界带来一丝新意。这正是众筹平台最独特的一个地方。

延伸阅读：

蝌蚪众筹：小圈子做深股权众筹

在艾海青看来，针对资本市场的私募股权众筹必须要有门槛。"众筹平台的大量早期项目基本都够不上新三板融资门槛，也不在天使投资和风投的目标范围内，项目在早期状态下面对公众并不现实。"

蝌蚪众筹是针对早期TMT创业项目的股权众筹及孵化平台。艾海青是蝌蚪众筹联合创始人。

艾海青早年在法国巴黎证券担任互联网及金融行业证券分析师，后来在中国担任招商局中国基金高级投资经理，负责成长期投资，并且成功投资过数家大数据、手机游戏和医疗器械企业。

2012年以来，很多天使投资人坐在一起商讨未来投资的方向，他们看到国外股权众筹网站的兴起，希望股权众筹模式在中国也能走得通。就在这样的背景下，艾海青与刘志硕、王童等几位天使投资人共同筹划，于2014年6月创建蝌蚪众筹平台，专注做股权众筹。

比较有趣的是，这一平台本身就是通过众筹的形式来完成的。如今，蝌蚪众筹即将启动下一轮融资，希望通过股权众筹募集上千万元资金，用于招聘优秀人才，丰富和完善平台产品。

为数不多的坚持做股权众筹的网站

自2014年9月第一个产品上线至今，蝌蚪众筹平台通过微信拉群等形式，营造了一个以天使投资人和创业者为群体的股权众筹小圈子。蝌蚪众筹在平台上完成所有项目信息的送达和展示，投资人在线明确表达认投意愿，这是一个股权众筹的闭环，所有工作都在小圈子里完成，不对外公开。

蝌蚪众筹有几个原则，"我们不做在线公开项目推荐，只采用会员制形式，做熟人圈子的交流。当我们上线一个项目，就会在这段时间内重点完成这个项目的募资。成功了再引进其他项目。"

蝌蚪众筹是一直坚持做股权众筹的网站之一。

"我们刚刚完成了一个百人的股权众筹项目。在我看来，人数一定要多，才能达到真正的众筹定义。如果人数少，就该称为合投而非众筹。"

一个项目从立项到完成，艾海青团队要与投资人交流，完成所有众筹投资方和融资方的法律文书签署、工商变更等，还有很多线下工作需要去展开。这就是蝌蚪众筹与其他股权众筹机构不一样的地方：坚持事物本身，而不是去做一些相对简单的事情。

"很多平台是花大力气抓项目，而我们更多地是在推项目。"每个上线蝌蚪平台的项目都是经过严格筛选的。"如果项目很难为投资人创造价值，或者风险太大，我们会将其放弃。"

艾海青说这句话有很足的底气，因为蝌蚪众筹平台上聚集了很多国内知名的天使投资人，他们掌管着5至10亿元的投资基金，被用于企业天使轮和PreA轮投资。所有投资人都有天使投资经验，有些人还是成功的创业者，所以对项目的审核很有经验，艾海青本人也是VC出身，有国际知名投资银行的工作经历，他们会有机构投资的眼光去看待一个项目是否具有投资价值。

那么，什么样的项目称得上是好项目？艾海青的标准是"一个好项目要具有高增长和高回报的潜力，创业者所做的事情要与他推出的产品有连贯性，创业者有与项目相关的专业背景，还要有较强的人脉资源。"

"一些天使投资人开玩笑说要追求100倍的回报，虽然我们不追求百倍的效果，但至少在两三年内达到10倍以上的回报。"在艾海青看来，能够达到十倍甚至百倍回报的项目通常是移动互联网或TMT领域的创业项目。

打造投资人小圈子

"我们不做购买用户的行为，而是希望通过众筹的每个项目去获取新的用户，这些用户是与项目匹配的投资人。"这一平台有很高的复购率，因为从一开始，蝌蚪众筹就没有将关注的重点放在用户数量上面，而是更在意每个用户的投资能力。如今，蝌蚪众筹平台上聚集了300余位投资人，具有上百亿元的投资能力。

现在，国内有众多以大流量著称的股权众筹平台，包括京东、阿里、36氪等。这些平台为创业者提供项目宣发和推广。但是，宣发本身存在边际效应下降的问题。

"以微信为例，微信推出第一款打飞机游戏的时候，人人都来打飞机。后来，微信又推出了新的游戏，用户数量却越来越少。很多众筹平台开始的几个项目很火爆,接下去效应慢慢变弱。"

蝌蚪众筹则不同,它将项目的评判、背书以及尽调交给领投人去做,平台只承担项目的初选。领投人根据自身专业判断和在小圈子里的号召力来完成项目众筹。

必须要有邀请码才能加入蝌蚪众筹,因为它打造的是一个熟人小圈子,通过设置较高的门槛,让有经验有投资能力的高知人群加入蝌蚪众筹。然后通过这些人群的口碑营销,去获取更多的同类用户。

艾海青强调,资本市场分为不用层次,主板市场、创业板、新三板和股权众筹等。股权众筹与其他市场相比,投资的项目处于创业早期,面临的风险更大,要求投资人具备较高的抗风险能力。而蝌蚪众筹的小圈子做法,正好把抗风险能力低的投资人排除在外。

蝌蚪众筹现有的用户至少要在平台上产生过一次交易,或者参与过平台项目的众筹,使得平台不至于产生大量的僵尸账户。

为何营造相对封闭的小圈子?蝌蚪众筹有自身的考虑。

"如果信息全面公开,企业就会比较谨慎,因为涉及商业机密,提交的信息就会受限,投资人的决策会转到线下去进行,如此一来,平台存在的意义势必减弱,而我们希望投资人在线上阅读完商业计划书,就能大致做出投资的决策。而线下的路演是为了邀请更多的新用户参与项目,让那些摇摆不定的投资人做出最后的决策。"

做过的项目

蝌蚪众筹成立近一年,已实打实地完成了八个项目的股权众筹。其中七个是在平台上进行的。

以十三月文化股权众筹为例,英诺天使和华创资本领投,近20位投资人跟投。众筹的结果是企业募集到近百万元资金,用于渠道开拓、新产品研发,从而做出更适合年轻人的音乐。

所有投资人都是基于对音乐的热爱完成的这笔股权众筹,他们是有音乐情怀的人。"音乐版权本身有很高的价值，但变现能力较弱，最好的变现方式就是演出。如今，十三月文化已经有自己的民谣品牌——民谣在路上，还有一个跨界音乐组合品牌——新乐府。起初，投资人并没有期待企业会有较高的回报。但是，仅仅半年时间，投资人已经收获了不小的惊喜。有媒体报道，"十三月音乐节"巡演，途经30多个一二线城市，共计完成200余场演出，先后汇聚了70多个民谣艺人参加演出，累计观众300万人次，"民谣在路上"也被媒体称为"中国民谣的复兴运动"。

蝌蚪众筹完成的第一个线上项目是厚德创新谷，这并非是一个典型的资本市场投资行为，投资人关注重点不是孵化器资本增值潜力，他们得到的是一张门票。孵化器作为早期项目的一个来源，一旦有优质项目，投资人就会优先有机会去了解和获取到。这个项目募集100万元，有100人参与众筹。

值得一提的是，这一平台的众筹形式多种多样，在游心旅行股权众筹项目中，企业募集到500万元，100个投资人参与其中。项目通过股权众筹和产品众筹两种形式来完成。每个投资人交纳5万元来获取股权，再交纳至少7万元来获得中高端旅游定制产品。如此一来，企业通过产品众筹，将投资人也变成了它的用户。

除此之外，蝌蚪众筹在一个互联网资管项目中子星科技中，募集到750万元资金，46个投资人参与其中，广受好评。

蝌蚪众筹一直在不断探索资本市场里新的商业模式，希望通过推陈出新的股权众筹模式，借助互联网传播力，解决传统投资所解决不了的痛点。

第四章

互联网+众筹

"风口"上的深度思考

颠覆传统融资模式

众筹支持多样化的筹资意图。从灾难捐赠到图书出版，从艺术家狂热的粉丝支持到政治竞选、筹钱创业等。有人说，众筹可能会成为一种全新的自由融资方式。有人预计，2016年的美国大选可能会将战场移至众筹平台。

2013年秋天，美国国会批准了一项JOBS法案，使得在奖励式众筹和捐赠式众筹之后，股权众筹自由合法化也成为现实。社交网络打破了禁锢在人们身上的时间枷锁，众筹融资模式的诞生，也将打破禁锢了普通人千百年的资金枷锁，缔造出一个自由融资的新世界。

目前，世界上最大的两个互联网众筹平台是Kickstarter和Indiegogo。它们让那些企业家和发明家可在全美甚至是全球领域发掘新的想法和概念。这两个平台还运用了新的技术大大推动了互联网融资的发展。

Indiegogo的创始人Slava Rubin在他的演讲中不断地提及："众筹这个概念的历史要早于互联网。"他最喜欢的一个例子是：世界闻名的自由女神像曾因为资金短缺问题而无法顺利地安置在纽约港口，那时的纽约市市长Grover Gleverland先生，正是用大众集资的方法，将这个来自法国盟友的礼物竖立在了纽约港口。1884年，著名的新闻巨头约瑟夫·普利策运用当时最流行的、能和大众交流的工具——报纸，发布了这则消息。他通过他的《世界报》发放宣传单，鼓励纽约市民为自由女神像的底座捐款，以维护纽约市的荣耀。这个大众集资项目运行了大约6个月的时间，最终得到了12.5万人的捐款。捐款人从小孩子到老人，从商界大佬到普通百姓，甚至是生活在社会底层的贫民，都为这个计划献出了自己微薄的力量，最终筹募到100091美元，换算为今天的市值，大约是220万美元。

众筹平台能做什么？它能募捐善款，能借贷融资且有回报。这些好处来源于它的存在模式灵活多样。目前，国际上主要的众筹方式有以下几种：股权型、回报型、债务型、募捐型。

先说说募捐型众筹。这类平台发展迅速，它已成为非营利组织获取捐款以帮助有需要的人一个主要途径。今天，募捐众筹项目在不同的平台上快速发展，向那些在生活当中遭遇到不幸的人们提供基础生活用品和金钱上的援助。非营利组织的长期众筹项目也变得很普遍。

一个很好的募捐型众筹的例子便是，在2013年春天发生在波士顿的爆炸事件中，很多人失去了工作能力，关于这个事件的众筹项目很快在不同的平台发起，带动了受难者的亲人、朋友甚至是陌生人前往捐款，给这些受到伤害的人提供了很实在的帮助。

回报型众筹也叫奖励型众筹，它有两个很重要的代表平台：Kickstarter和Indiegogo。Kickstarter是两个平台之中相对知名和发展得较大的一个，从建立到2013年12月底，它已经成功集资了超过9亿美元。

债务型众筹，也叫借贷型众筹或贷款型众筹。Kiva是一个设立在美国的微型投资平台，他们的旗号是"为了减少世界的贫困人口而努力"。从2005年建立起，这个非营利机构总集资已达5亿美元，同时它的还贷率也高达99%，并且在世界上77个不同的国家都有营利。在美国还有一家叫做SoMolend的债务型众筹公司也早已引起人们的注意，但这家公司正因为违反了俄亥俄州《新兴小公司安全法》而受到审查。

股权型众筹的概念比较新，它又叫股票型众筹，已在美国慢慢展开。其他国家，例如英国和荷兰，也已经允许投资者通过众筹模式成为一个创新型公司的股东或者执行人。在美国，股权型众筹的玩法有些不同，其中一点是关于得到认可的投资平台和未得到认可投资平台

（或者也叫做流行的众筹平台）的。美国证券交易委员会目前正在审查这些关于股权众筹的相关法案，如《初创期企业推动法案》，简称"JOBS法案"或"乔布斯法案"。法案的基本内容已经发布，并等待着大众点评。最终的法案发布有望在今年内实现。

流行的众筹网站的律师们经常用其他国家股权众筹的成功项目来举例说明，试图加快法案的通过。而美国证监会一直推迟这项法案通过的原因，也许主要还是考虑到那些没有受过良好教育的投资者。

中国的经济经历30多年的发展，金融市场正向高效而活跃的新时代过渡，金融模式的创新成为发展的必然趋势。随着金融与互联网交叉渗透的深入，互联网的经济模式已经孕育出很多具有强大竞争力的创新金融模式。例如网络金融载体的第三方支付、P2P、新兴的融资方式众筹等。

根据世界银行2013年报告，预计到2025年，发展中国家众筹将达960亿美元规模，其中500亿美元就在中国。在中国金融体系银行独大的局面中，众筹模式可以支持小微企业直接融资，改善中国资本市场结构。

自2011年开始，国内引入众筹模式开始，各个众筹网站发展迅速。从最早开始兴起的"点名时间"，累计7000多个众筹项目，接近一半项目筹资成功并顺利发放回报。后起之秀的"众筹网"累计投资人超过7万人，在演出、音乐、出版等多个领域的项目共筹得资金2100多万元。以股权众筹为主的"天使汇"，也已经为70多家企业完成了超过7.5亿元的投资。

截至目前，已有大大小小的几十个中文众筹网站，在各自擅长的领域不断挖掘探索。但就目前的众筹运转模式来看，中国主要还在以奖励回馈模式为主，只有少量机构在开展股权众筹。

不管如何，如今在民间，众筹已被称为"低门槛创业神器"。因为只要你登录任何一个众筹类网站,任何人都可以发起一个项目向社会筹资。

众筹作为互联网金融的主要表现形式,对传统金融的运营模式造成了一定挑战。其中,债权众筹(P2P贷款)类似于商业银行业务,股权众筹类似于私募股权/风险投资业务。过去4～5年,众筹在国内外均取得了很快发展,并涌现了一批领先企业。国内外的监管机构也陆续出台对众筹的监管法律。通过互联网,众筹网站把资金需求方和供给方联系起来,越过了传统的金融中介。然而,众筹仍然无法解决金融业核心的风险评估和控制问题,也很难保证筹资人提供资料的完整和真实。未来众筹如何发展,核心还在于解决风险评估和控制问题。

"夺宝"互联网金融

众筹的诞生依托于互联网的发展。互联网通过技术,将交易双方直接联系起来,极大地降低了交易成本,从而取代了传统中介的作用。互联网金融也是一种金融业的去传统中介化。通过互联网,资金供给方和需求方可以直接联系起来,从而越过了传统的金融中介。P2P贷款是贷款人和借款人直接对接,取代了传统商业银行,股权众筹使创业公司和投资者直接对接,取代了传统的风险投资。

然而,银行和风险投资这类金融中介除了中介外,还包括了风险控制和风险判断的专业技能。这部分技能在互联网上尚付诸阙如。如在股市上,发达国家的大多数股市投资也是通过共同基金这样的中介进行。没有银行这样的金融中介，互联网金融无法保证数据收集的准确性，无法通过算法解决风险评估和借款人的道德风险问题，未来如何发展还无法完全确定。互联网金融想要真正取代或部分取代传统金融中介，核心是要解决数据收集和准确性问题，并能通过算法，利用已知数据，完成风险评估。这是一个很大的系统工程，筹资人和投资人的各种金融数据都需要在互联网大数据库中有准确体现，建立历史信用记录，从而减少可能的金融风险和社会风险。

总之，互联网的出现，对传统商业业态均构成相当的冲击。电商平台对传统零售业构成冲击，互联网金融也对传统金融业态构成冲击，其背后的根本原因在于：互联网形态可以大大降低中介成本，降低公众参与成本。另一方面，互联网业态和传统商业业态一样，信用体系是其生命之根。互联网是一种非直接的、虚拟的商业空间，信用体系的作用更加重要。对互联网金融来说，各国政府大体采取了慎重尝试的态度，在规模上有所控制。

很多人都说，奥巴马总统的竞选一直都是在以众筹的形式进行的。

2008年，奥巴马的竞选集资项目：300万在线募捐人，共捐款650万美元。这650万美元之中，600万是由少于100美元的捐款累计来的；2012年，奥巴马总统的竞选捐款达到了6.9亿美元，这其中包括一些大的募捐支持者，但是大部分还是来自小数目的募捐，积少成多而得。

以这种"白标"形式出现的政治竞选众筹，很有可能成为未来的发展方向。

根据世界银行的报告，众筹在未来的规模可以使用一个简单的估计方法来评估。激进一点的说法是，人们可能使用个人存款的1%来投入众筹市场，因此单就美国而言，未来可能就有3000亿美元的潜在资本投入到众筹市场中去。

根据美国的众筹规模的分析案例，世界银行还给出了评估众筹规模的决定要素。比如：有能力实施众筹的家庭数量、社交媒体使用程度、区域存款率等。从这些决定因素，我们还大致可以窥探出未来众筹发展的机遇与规模的大小。比如，若使用1%存款额这个标准来进行评估，全球便可能存在一个超过3000亿美元的众筹市场。

目前一些大的众筹网站已把注意力集中在比较流行的行业，并运用投资回报的模式进行运营。这些行业包括：地产行业、替代能源、硬件和科技产品领域、电影、音乐/演出、图书出版、啤酒业、网络应用、教育网站等。

举例说明，替代能源众筹项目在世界各地都取得了成功。荷兰的一家众筹平台Windcentrale便声称他们完成了一项最快和最大的可替代能源众筹项目。去年9月，1700位荷兰人共买下了6648股投资，在短短13小时之内完成了一个"风力涡轮机"筹建项目。在这个项目里的每200欧元投资所产生的电量，在荷兰可以支持一个普通家庭一年的用电。

电影业也是一个很有前景的众筹投资产业，因为它的高回报率和口碑会带来巨大的成功。在Kickstarter平台上约9亿美元的集资总额里，电影和影视行业就占了1.8亿多，超过了总额的20%。曾风靡一时的美剧《美眉校探（Veronica Mars）》当初就是通过众筹平台集资570万美元拍摄的。2012年获奥斯卡最佳纪录片奖的《流浪追梦人（Inocente）》也曾在Kickstarter平台上集资52527美元。

综合上述，世界银行通过计算已预计：到2025年，众筹在发展中国家存在一个每年有960亿美元的潜在市场，且半数资本市场都将聚集在中国。传统的股权融资经常遭遇两个方面的问题：信息不对称与融资渠道单一。前者使得投融双方需要承担非常高的隐性成本才能达成合作；后者使得中小企业非常难以找到投资方，甚至在吸引到资金前已经夭折。

以前，创业者拥有商业思路之后，其商业计划和融资需求只能在行业内的天使投资人和风险投资等圈子里小范围传播。这种单向信息传播方式导致的结果是许多创业者因为无法完整地传达自己的理念而得不到投资；那些熟悉风险资金运作方式的人凭借投其所好的平庸商业计划反而能获得投资人的青睐。

众筹平台的出现使得信息展现与传递不再是制约性问题，任何登录众筹平台的人都可以看到项目发起人的创意展示。通过几无限制的信息展示与交流，好计划很容易取得志同道合者的欢迎，激活长尾市场投资者的投资意愿，并吸引对项目有兴趣的专业投资人参与。

另一方面，众筹平台改变了创业者面临的融资渠道单一局面。早期创业项目融资难是一个世界范围内广泛存在的难题，资金供应囿于有限的投资机构和专业投资人，创业者只能扎堆争夺少数投资人的有限资金，不得不把大量时间花费在拜访投资人、推销商业计划上，导致高昂的融资成本。

通过股权众筹平台，初创企业的融资渠道面向公众开放，资金供应者从少数专业投资人和投资机构转变为大量普通公众。在克服了地理、距离、信息传递等物理限制之后，每个普通人都可以基于情感支持或商业眼光，参与创业投资。众筹模式开创了人人皆可成为投资人的新模式，投资门槛远远低于传统投资模式，例如股权众筹网站Funderable甚至把允许的最低投资额降到象征性的1美元。

因此，股权众筹不仅有利于融资人，也为普通人带来了接触初创企业和进行相关投资的机会。由于互联网的聚集效应，有吸引力的创业者可在短时间内获得大量投资者的小额投资——尽管单笔金额都很小，但是总额可能相当可观，足以满足创业者的资金需求。在此过程中，创业者和投资人各取所需，以群体协作的方式，实现了社会化企业的构建。

股权众筹对传统融资方式的改变，折射出互联网金融发展的重要特点，那就是交易中介的扁平化，尽可能地将中介的需要压缩到最小以逼近直接交易，但并非彻底的去中介化。科斯在论述企业性质时，对市场定价的成本和企业组织的成本（从广义上说，就是直接交易成本和内部中介成本）做了深刻的论述："在信息不完备的条件下，受主客观的影响，欲使交易符合双方当事人的利益，交易合同就会变得十分复杂，为追求一个完备合同，势必增加相应的费用，于是由于市场合同的高费用而使一些交易采取企业内部交易的方式"。

市场和企业是资源配置的两种可相互替代的手段，二者的区别在于：市场上的资源配置通过非人格化的价格机制来实现，企业内的资源配置则通过权威关系来完成。选择哪种资源配置方式，依赖于市场定价成本和企业组织成本之间的平衡关系。但是市场不可能出清，总会存在各种摩擦产生交易成本，因此，即使点对点交易依然需要中介。从这个角度，众筹模式的优点在于通过打造公共平台降低了交易的中介成本，在此基础之上，再让价格体制发生作用（表现为企业出让的股价与筹资额），从而降低达到一个"完备合同"所需的成本。

推进"普惠金融"，实现金融创新

根据世界银行2012年的统计数据，全球有27亿成年人得不到任何正规的金融服务。受到各方面因素的影响，有超过一半的成年人被排斥在正规金融服务门槛之外。普惠金融的发展能帮助更多的人享受到金融服务，而在我国，互联网金融的飞速发展也为普惠金融的发展提供了解决方案。

普惠金融体系是指一整套全方位为社会全体人员，尤其是为金融弱势群体提供金融服务的思路、方案和保障措施等。普惠金融体系这一概念由联合国在2005年正式提出，世界银行将普惠金融定义为："在一个国家或地区，所有处于工作年龄的人都有权使用一整套价格合理、形式方便的优质金融服务。"

普惠金融作为包容性金融，其核心是有效、全方位地为社会所有阶层和群体提供金融服务，使所有人都能得到平等享受金融服务的权利，而包括P2P网贷、第三方支付在内的互联网金融由于其覆盖广、成本低、可获得性强等特点，成为实现普惠金融的最佳路径选择。

推动普惠金融发展

无论从价值理念还是实现路径上，互联网金融都是推动普惠金融发展的最佳选择。互联网金融作为普惠金融的最佳选择，源于以下几个特征：

第一，互联网金融的低成本、可持续特征使其成为普惠金融的最佳选择。低成本可能是互联网金融最直接显著的特征，其交易成本大约只有传统银行的20%。因此，互联网金融可以使得在传统金融环境下无法盈利的普惠金融业务得以盈利，实现商业的可持续发展。

第二，互联网金融的平台经济、规模经济特征有利于发展普惠金融。互联网金融不仅有效降低成本，而且提升了资金配置效率和金融服务质量。互联网金融提高了金融服务的个性化金融需求，大幅度提升了资金的配置效率和金融服务质量。这种规模经济、平台经济的特点决定了互联网金融这种商业模式可以吸引更多的投资者，进一步助推普惠金融的发展。

第三，互联网金融提高了普惠金融的可获得性。互联网金融的突出特点是便捷和广覆盖，可以有效地提高服务质量。包括第三方支付、移动支付等在内的互联网金融，不仅能满足所有人群的金融需求，而且直接缩小了城乡差别。

第四，互联网金融可提供便捷全面和个性化的金融服务，有助于促进金融产品创新，满足客户的多样化需求，有效降低金融风险。以大数据和云计算技术为主要特征的互联网金融，能够迅速地动态了解客户的多样化需求，同时有助于互联网金融机构推出个性化金融产品。

第五，以大数据、云计算为技术特征的互联网金融是实现普惠金融的最佳选择。通过大数据云计算技术，互联网金融可以对客户的资信状况做到可记录、可追溯、可验证，能够卓有成效地帮助传统金融改善信息不对称现象，利用大数据来加快征信体系建设，进而提升金融风险防范和控制能力。

在我国，互联网金融实现普惠金融的实现路径如下：

首先，互联网金融支持普惠金融发展的探索。互联网金融为推动普惠金融发展及鼓励金融创新提供了最佳的路径选择，在信贷（P2P网贷）、支付结算（第三方支付、移动支付）、投融资（互联网基金、互联网证券、互联网保险等）、征信体系建设（大数据金融）、风险管理与防范（大数据、云计算应用）等多个领域推动普惠金融的实现。

其次，互联网金融是发展普惠金融、弥补传统金融服务不足的重要路径选择。互联网金融的市场定位主要是在小微层面，本身就具备处理"海量交易笔数，小微单笔金额"的技术优势和金融优势，而这种小额、快捷、便利的特征，正是普惠金融的要求和特点，也正符合金融促进包容性增长的主要功能。

再次，互联网金融可激励民间力量，引导民间金融阳光化和规范化，实现普惠金融。我国民间借贷资本数额庞大，长期缺乏高效合理的投资渠道，游离于正规金融监管体系之外。通过规范发展包括P2P网贷、众筹融资等在内的互联网金融，可以有效引导民间资本投资于国家鼓励的领域，甚至是普惠金融项目，遏制高利贷，盘活民间资金存量，使民间资本更好地服务实体经济。

最后，互联网金融可以有效满足消费需求，扩大内需促进普惠金融发展。2013年国务院发布《关于促进信息消费扩大内需的若干意见》，提出到2015年电商超18万亿元，网络零售破3万亿元。包括第三方支付、移动支付在内的互联网金融，可以满足电子商务对支付方便、快捷、安全性的要求；反过来，电商所需的创业融资、周转融资需求和消费融资需求，也促进了网络小贷、众筹融资、P2P网贷等互联网金融业态的发展。

实际上，股权众筹就是一种新兴的网络融资方式。简单来说，股权众筹就是指公司出让一定比例的股权，面向普通投资者，投资者通过出资入股公司，从而获得未来收益。

在此前的全球众筹峰会上，众筹网CEO孙宏生曾预测，股权众筹符合"普惠金融"理念，它直接填补了市场上的融资缺口，降低了很多创业企业融资的门槛和难度，将带来互联网金融重大的变革。

原始会负责人陶烨也认为，简单便捷的渠道是促使"普惠金融"实现的先决条件之一，借助互联网的先天优势，股权众筹可以让更多人的参与到金融活动中来。她表示，目前国内存在大量的小微天使，股权众筹平台的作用恰恰在于能够很好的聚集这些小微天使，为创业企业和中小微企业提供快速便捷的融资渠道，促进国内实体经济的发展。

对于中小微企业来说，融资难题一直未能得到有效缓解。有调查显示，2013年，19.4%的小微企业表示融资需求没有得到满足；在有贷款的企业中，有48.9%的企业表示融资成本上升；银行是小微企业获得融资的主渠道。这在很大程度上阻碍了国内实体经济的发展。

"股权众筹的核心目的就是为了帮助中小微企业快速筹集到所需资金，并帮助投资人提高投资效率，降低参与门槛。"陶烨表示，"股权众筹具有门槛低，覆盖广，高效率等特点，能帮助小微和初创企业有效解决资金需求，扶持实体经济的崛起和成长，而这，也是原始会践行'普惠金融'的关键表现。"

资料显示，目前原始会已经汇集了500多个注册用户，300多位个人投资人，接近100家的机构投资人，上线的创业项目超过了60多个，融资额达到了1亿多元。

业内专家指出，鉴于互联网快速、便捷、共享、高效等特点，未来利用互联网思维开展"普惠金融"建设将是大势所趋。股权众筹是一个具有良好政策预期的互联网金融创新形式，对于解决中小微企业的融资难题有很大帮助，随着政策的逐步阳光化，股权众筹将在实体经济中发挥更大作用。

金融创新的必然趋势

中国的经济经历30多年改革开放的发展，金融市场从效率较为低下的初级阶段，向高效而活跃的新时代过渡。这使得金融模式的创新成为发展的必然趋势。

2003年，泡沫破碎后的互联网行业重新爆发出新的活力，呈现强劲的增长态势。随着金融与互联网交叉渗透的深入，互联网的经济模式已经孕育出很多具有竞争力的创新金融模式。

目前，随着中小微企业及创业者的资金需求逐步增多，传统银行体系并不能予以完全满足，第三次互联网科技革命浪潮的发展带来了一系列重大技术改变，社会组织结构和行为都随之发生深刻变革，这给创新型的金融手段提供了历史性的发展机遇。

例如网络金融载体的第三方支付、P2P、众筹等。其中，众筹模式在国内外都属于新兴领域，发展前景更值得期待。

众筹作为新型的金融模式，以其独有的魅力受到了更多普通人的追捧，为新的创意、事件、活动提供了更广泛的融资来源，也为天使投资人、VC、PE们提供了更加准确的参考源。

众筹改善资本市场结构

根据Massolution数据显示，全球众筹融资产业规模从2009年的36.1亿美元飙升至2012年的173亿美元，3年增长380%。根据《福布斯》的数据，截至2013年二季度，全球范围内的众筹融资网站已经达到1500多家。

众筹利用了以公众为基础的决策和创新优势，把资金用于项目或商业投资。利用社交网络、网络通信的病毒性质，在过去的5年间，个人及公司以证券、股票和捐献的方式为各项目筹集了数十亿的资金。艾瑞统计预测模型核算，预计在2016年全球众筹交易额能达到1989.6亿美元。

除了在发达国家的良好发展势头，发展中国家将是未来众筹的发力板块。据世界银行2013年报告，预计到2025年，发展中国家众筹将达960亿美元规模，其中500亿在中国；在中国金融体系银行独大的局面中，众筹模式可以支持小微企业直接融资，改善中国资本市场结构。

自2011年国内引入众筹模式开始，各个众筹网站发展迅速。目前众筹网累计投资人数超过13万人，在智能硬件、娱乐、公益等多个领域的项目筹集资金超过5000万元。

国内众筹面对三大挑战

从发展程度来看，相对于国外市场发展，国内各个众筹模式网站还处于初期阶段，未来还有较大的发展空间。目前国内众筹网站众多，发展情况参差不齐，市场竞争中加入了新兴力量，也不乏存在一些网站铩羽而归的情况。

就目前的众筹运转模式来看，主要以奖励回馈模式为主，少量机构开展股权众筹。除了目前市场呈现的网站同质化程度高、融资规模不大、法律风险等外部因素，市场的起步，也对平台提出了更高的要求。

首先，是市场的敏锐度和多种行业经验要求。

在市场不成熟、支持方的辨识能力尚不充分的阶段，平台需要具备对不同领域项目的筛查、市场敏感度测试。

比如开展科技众筹，需要对新发明的捕捉；娱乐众筹，离不开大量的文艺界资源及推动；金融众筹，需要大量对金融产品的运作知识以及对法律法规的把握等等。平台方既要保证平台项目的吸引力，又要使得项目本身具备众筹价值和一定市场认可度。

第二，是对项目方的风险控制。

作为平台方需要不断对平台系统进行优化，对众筹的项目发起人进行严格的审核，尽量确保发起人信息的真实性。另外一方面，项目执行的管理也是挑战，项目发起方如何保质保量按时地完成支持方权益均是一个不断完善和摸索的过程。

第三，承担更大的行业推动责任。

国内的众筹模式还处于稚嫩阶段，一方面需要保护行业的发展，鼓励多样化的众筹经营；另外一方面需要众筹平台方不断培育市场，带到更多人接受和认同这种新理念，同时不断推进项目方、支持方的众筹意识培育。

尽管挑战重重，但作为新型金融模式，国内众筹的发展方式和理念与国民进步、经济环境进步、法律法规进步的步调一致。不断提升的国民素质、日趋完善的金融市场体系、社会对创新的包容和提高，都为国内众筹模式的发展提供了强大的宏观环境支撑。

众筹模式的完善，行业的进步，则需要行业中每一个主体——项目方、支持方、平台方共同努力。虽然发展的道路有些曲折，但前景很光明。

又一个风口——互联网+众筹

互联网众筹模式的诞生与发展有着深刻的经济、文化根源，是实体经济变革与金融服务变革共同的结果，并反过来促进二者的深化。如同17世纪荷兰航海业和商品贸易的发展促成东印度公司发行了世界上最早的股票；19世纪美国铁路建设和工业化的进程推动了美国股票市场的飞速发展，每种现代金融制度的诞生，都根源于当时社会经济变革的需求，是时代的产物。

互联网众筹则是互联网时代的产物，当代商品的生产已经从追求数量转为追求品质，这种品质不仅意味着质量，更意味着符合消费者个性和品位的与众不同。以美国为代表的发达国家步入富饶经济阶段，飞速提高的生产力使得产品的生产成本急剧降低，蕴含于产品中的"创意"转而成为用户的热情追逐对象和产品的核心增值点。创意与个性正在替代质量与流行，形成商品生产者与消费者的新诉求。

这种新诉求从某种程度上更适合小型、零散的创意与设计企业，而非组织庞大、层阶分明的大型传统制造企业。与此相对应，"大规模融资+高中介成本"已经被证明只适合于资金密集型和成熟型企业，无法满足"人人创业、人人筹款"的新时代需求。即使是较为现代的风险投资、天使投资对此需求的反应都稍显迟钝，市场需要更加直接、社会化、迅速的融资方式。

互联网则为这一新型融资需求提供了物质、技术与渠道支撑。首先，通过网络平台，生产者能够直接展示自己的创意，消费者可以直接向生产者预购创意产品，实现投融资双方的直接对接；其次，利用社会化媒体和社交网络，生产者可以接触大量的潜在购买者，购买者也可以选择合适的生产者，实现社会化融资；第三，由于投融资双方可以通过网络直接对接，并通过网络支付渠道直接付款，融资周期大大缩短。互联网众筹模式正是利用互联网平台的上述优势，同时满足了直接、社会化和迅速这三个融资要求。

因此，在创意与科技驱动的生产模式之下，现有的融资模式跟不上时代要求，是互联网众筹诞生的前提，互联网使得新兴的众筹模式落地，可以有效开展新型融资业务。与此同时，促进互联网众筹快速发展的现实条件有：

1.生产力工具的快速发展

以云计算、3D打印、开源平台、数码产品等代表的高效生产力工具，正使得创业成为人人皆可参与的活动。杰夫·豪在著名的《众包：人众力量如何推动商业未来》一书中写到"工具的革命，是生产力的革命。工具民主化，引起生产的民主化，销售的民主化"。互联网和低成本（甚至免费的）生产工具让消费者拥有了过去大公司方能拥有的产品设计与生产能力。生产力工具的普及，也极大地激发了普通人的创造性和生产潜力。

便宜的云计算资源赋予个人参与大规模、技术密集型工作的能力；3D打印技术为每个普通人提供一座小型工厂；开源平台甚至提供了免费的软、硬件解决方案；数码产品使人人都能轻松进行影像创作。在种种便宜、易获得的生产力工具支持之下，普通创业者与大公司的硬件能力差距（尤其是在研制与试制阶段）已经大大缩小，二者真正比拼的是创意与智慧，在这方面大企业未必一直具有压倒个人的优势。这意味着商品的设计与生产已不再仅仅是大企业的特权，每个人都拥有自由发挥的空间，相应地，每个人都有创业的可能。

2.互联网大大降低了交易成本

近年来获得成功的中小企业，尤其是科技企业，往往具有"轻企业"的特点。他们都依靠现代科技大大降低了行业进入门槛和生产所需成本，既不属于依赖密集的资金，又不依赖密集的劳动力，从而保持轻量化的姿态，并与用户保持紧密联系。

这种模式能够获得成功，很大程度上归功于被互联网降低的交易与沟通成本。轻企业需要频繁地与上下游交易，需要在整个行业调动资源。如果这些活动不通过互联网进行，其成本将急剧上升，从而无法支撑核心商业模式。反过来，善于利用互联网的技术、渠道与思维正是这些企业的成功之道，也为它们挑战行业霸主带来了可能性。

大量依靠众筹模式获得第一桶金的企业都是轻企业，同样分享了互联网红利。

3.创业氛围是促进众筹发展的重要因素

如果探究为什么众筹最早在美国实现商业化和规模化，可以发现其中一个重要原因是美国有着非常良好的创业环境和创业传统。得益于"科技崇拜"和"创业崇拜"，早期的苹果、微软和戴尔，近期的Facebook、SpaceX和特斯拉汽车都是传奇性的创业案例。

这些创业成功者名利双收，回头也愿意投资于初创企业，鼓励年轻一代的创新与创业，传承着良好的创业传统。在国内，鼓励创业的氛围也逐渐浓厚起来，大量孵化器、创业园区、创业基金的成立，不仅改变了创业的硬性条件，也逐渐提高了公众对创业者的支持程度，使得创业不再是令人谈虎色变的禁区，而成为年轻人的积极追求。

4.用户习惯带动投资热情

互联网正在深度融入人们的生活，这一趋势无法逆转、无可阻挡。普通人使用互联网的技能大大提高，对各种互联网产业的接受程度也大大提高。在P2P借贷、网络理财等互联网金融热潮激发大众的投资热情之后，人们逐渐消除了使用互联网进行金融投资的疑虑，对互联网与现代金融的理解水平有了很大的提高，开始培养出网络投资的习惯，风险防范意识与风险承受能力相对增强。如果对比五年前公众的互联网使用能力，其差别不言自明。

众筹的发展同样受益于互联网金融浪潮给予大众的宣传与教育，受益于用户日益深化的网络使用习惯。相比P2P借贷和在线理财，众筹更贴近人们的日常生活，可获得投资与实物的双重满足，因而有望成为互联网金融的下一个爆发点。即使暂时的发展速度低于预期，随着深度上网人群的日益增加，它的广阔发展前情仍值得期待。

5.法律制度与时俱进

实体经济的健康发展是设计整体金融制度的依据，具体的经济需求催生具体的金融制度与组织形式。美国的JOBS法案创造了一个新的金融形态"集资门户"，就是为了适应如今越来越向社会化倾斜的融资方式，满足新经济形态下的投融资需要。众筹平台是目前"集资门户"的唯一的形式，也是一种直接面对大量创业融资需求的金融形式。

"微筹"和"云筹"的遐想

自由与平等是人类的永恒追求，这一追求表现在人类生活的方方面面。而在传统的生产与消费模式中，生产者与消费者的关系割裂，二者可以通过市场博弈获得"合理"的价格，但在信息不对称和能力不均衡的情况下，二者的地位并不平等。其突出表现为：消费者只有有限选择权，他并不能真正决定商品的设计与生产。

众筹模式重新界定了生产者与消费者的关系，它第一次使得消费者能以极低的成本介入商品的前期设计与生产，在一定程度上拉近了商品生产者与消费者之间的距离，促进二者的交互。如果未来越来越多的商品以众筹模式生产，消费者自由定制，生产者按需生产，许多人的个性化需求将会在紧密交互中得到充分满足。从这个角度来看，众筹模式处于自由、平等新商品契约的萌芽阶段。其指向意义深远，这也正是人们认为众筹模式将深刻改变社会生产的依据所在。

综上所述，互联网众筹不仅仅是传统众筹的互联网翻版，更不是部分创业者的异想天开，它具有坚实的技术、文化与思想基础，更在经济转型和生产模式变革的带动下，展现出广阔的发展前景。它的纵深发展，很可能重新塑造人们对于互联网经济和互联网金融的认识，这场变革已经启动，未来之路值得期待。

对于未来众筹的发展方向，也结合目前的趋势和技术，我们可以对众筹的未来提出思考。

目前，移动端占据了很大一个比重，最为突出的就是微博和微信。根据这个态势，我们就可以慢慢看出云筹和微筹的趋势，而且已经有人开始了相关尝试。

"微筹"顾名思义就是以微小的份额发起众筹，这种微小可以是1元钱，甚至还可以更少。不过按照支持额来看，我们可以把500元以下的众筹都能纳入微筹的范围，这一类的众筹是非投资性的，大多是消费性质的众筹。

除了份额微小以外，我们还可以将众筹与微信联系起来。无论外界对微信的看法如何，但不可否认的是微信已经深入并影响人们的生活。在这个前提下，已经有越来越多的行业接入到微信的这个拥有6亿用户的大市场中来。特别是打通支付环节以后，这种结合能够创造出巨大的商业机会。

"云筹"其主要是将云技术、大数据与众筹结合。所谓的云理念，就是将"回合、统筹、释放"，或者说是"资源聚合，随需服务"的理念。与其他众筹相比，云筹的根本是立足于云端的大数据和随时随地与云端链接。

当然，"云筹"作为基于云技术和大数据的众筹创新模式，除了作为一个投资交易平台、创业服务平台，从数据安全的角度来看，还需要云数据隐私、云数据安全性以及云端资金有效协同等方面给出确切的保障方案。

众筹的魅力，很大程度上是在于可以集合组织起大众来参与的机制和系统。这里的"微筹"和"云筹"都是对于未来众筹模式的一种探索和遐想，最终二者会给我们带来怎样的惊喜，以及未来会如何发展，我们也将拭目以待。

任重道远的互联网众筹

在零壹财经携手长江商学院在深圳举办的主题为"股权众筹的发展趋势和商业猜想"。活动中，零壹财经研究总监李耀东、前海股权交易中心研究所所长孙菲菲、深圳互联网金融协会筹备组负责人曾光、天使客创始人曹强和大家投投资总监雷红晖，分享了他们对股权众筹的真知灼见。

零壹财经研究总监李耀东：小额豁免监管思路值得借鉴

从人均投资额上可以看出，在股权众筹领域存在两种趋势或者两种思路，一种思路是偏小额的，像每人2.38万的；另外一类是每人40.68

万的，相对来说额度就很大了。股权众筹因为投资的是初创企业，风险很高，可能很难确保我的钱什么时候有回报，能不能收回。

股权投资行业或者股权投资本身就是高风险的事情，随着互联网众筹的出现，股权投资的事情向整个社会开放，而且又产生了小额的投资人之后，会对我们的监管产生很多影响。

对于高风险的行业，各国政府从监管上普遍希望对投资人做点保护。最典型的一个原则就是非公众化原则，高风险的事情在小群体里面非公开的做是可以的，但是不要对社会大众，不要让没有风险鉴别能力或者风险承受能力的人都来加入。非公众化的思路最后体现出来一个形式就是投资人适当性制度，给投资人设定很多门槛。

这样一来，它和前面看到的人均投资2万多的投资行为就产生了冲突。每个人只投2万多，从哪个角度都不像高净值人群。这时候对于风险怎么办？可能有些人会坚持合格投资人制度，让一般的低净值或者成长型的人群不玩这个东西，不要搞众筹。这个思路引起很多争议，因为股权众筹在互联网的时代给了很多人投资的机会，让一些普通人能参与一些创新的企业，参与它们的成长的机会。

如果你把这条路堵死了，就抹杀了互联网带来的公平性或者自由。美国对于股权众筹的监管，体现在JOBS法案，里面最核心的思路就是小额豁免。你投资额度很小，假如说每年不超过2000美元，就可以进行股权众筹。以前的时候，投资是划了门槛，你在门槛之上可以做；现在划了另外一个门槛，这个门槛是天花板，在天花板下可以做。这是监管上非常有突破性的思路。

股权众筹，我认为它是非常有前途的事业。但是整体来看，也还存在监管的困难和监督的困难，尤其监督的困难需要从流程管理、股权设计和退出机制这些方面来进行更多的考虑。

前海股权交易中心研究所所长孙菲菲：政策是影响众筹火不火最

重要的原因

我想从多层次市场的角度来解读众筹。资本市场有两个比较明显的特点，一是期限相对比较长，二是风险在各种市场来比较是相对比较高的。多层次资本市场在中国的解读，就是它多层次多在哪里？为什么需要多层次资本市场？

从两端来说，企业成长阶段、规模、盈利能力、风险都不一样，它们需要钱的数量和还钱的可能性都不一样。从投资人的角度，今天在座的平均年龄30岁，可能大家有一定的钱，希望比较高的收益；对一群60岁比较有钱的人讲，他们可能期望保本相对有一点增值就好，乃至只要抵抗通胀就好，并且投资人的专业能力是不一样的。如何匹配两端，全世界都是一样，就是构建多层次资本市场，满足不同人对于股权投资的或者金融产品的需要。

什么叫多层次？我更愿意从风险的角度进行多层次划分。其实多层次资本市场无非是说投资人的风险特征不一样，不同阶段、不同盈利能力所处的行业都代表不同的风险特征。有的投资人想稳定、有的人想高收益，风险偏好不同。

无论美国的JOBS法案是否还有缺陷，它出台以后，让美国的众筹市场步入更快的发展阶段，政策是影响众筹火不火最重要的原因。另一方面，如果一个社会老龄人特别多，创新力量在人群中的比例就没有那么高，创新的土壤也不够。这是我对众筹市场理解的两大基本因素，最大的因素是政策，接下来就是创新的土壤。

有些股权交易中心已经开展众筹业务，比如浙江做了一个浙里投模式，广州也有做。如果我们想做的话，可能想做众筹的服务体系，比如说征求意见稿里面有些监管的职能，说同一个企业不能在两个平台上募资，谁去监管它不能在两个平台上募资呢？我们是不是可以做行业协会做一下这个事情。众筹项目募集成功以后，投资人突然要用这笔钱了，可不可以二手转让？我们希望能够为深圳众筹行业做更多的事情。

深圳互联网金融协会筹备组负责人曾光：股权众筹投资者教育任重道远

怎么定义众筹？证监会定义为网络上的小额资金的汇集，线下的不算众筹。未来众筹的发展趋势是网上私募性质的、小众的、小额的。证监会还是参照了JOBS法案的要点。

在监管这块，一定要求融资方真实，平台对融资方必须进行审核，如果融资方是假的，你这个平台是要负责的，而且这个平台收集的资金要按约定的路径来使用，像银行一样，必须要按照用途来使用，否则要承担责任，还要披露相关的信息。

对投资者也有限制，你在众筹平台上投资的话，必须保证你的身份真实，还要保证资金来源合法，还必须自己承担投资的风险，投资者在12个月内对单一融资方的投资上限不能超过1.5万或者3万，现在还没有确定。

在现在监管的态势下，我们该不该做众筹平台？如果要做的话，怎么做这个平台？这是我自己的几点看法，不一定对，给大家分享一下。

很多政策限制了我们股权众筹投资者人数，因为我要求投资者又要财产达到多少，又要怎么样，诸多限制，把投资者给限制小了，使其规模难以做大，两头小，融资项目小，投资金额也小，迫使众筹平台往高端和小众化发展，我以后只做会员客户，是会员推送信息，不是会员和我关系不大。

众筹平台怎么盈利？现在国内很多众筹平台的盈利方式是佣金，比如融资100万提3%、5%，就3、5万，这很难覆盖众筹平台成本。怎么盈利呢？我觉得还是要后端的投资，就是业绩报酬来进行盈利。比如平台上的股权项目，通过投资基金来进行投资，从后端获取收益，前端佣金是很难的。此外还包括增值服务，类似于工商注册这样的东西，使得企业专心于自己产品的发展。

众筹非常有前景，非常有潜力，但是投资者教育的过程任重道远。中国的投资者还没有达到把自己的一部分工资收入拿来众筹，因为众筹是风险很高的行业，可能血本无归，也可能涨1000倍。投资者教育完成之后，众筹市场才能很大的爆发，现在更多的是小众。

众筹平台将向垂直化和专业化方向发展，因为众筹要承担本身项目的尽职调查和审核，对行业不熟悉，请问你怎么审核项目？审核不了就承担不了对投资者负责的态度。投资者投资失败要追究你勤勉尽责的职责，未来发展方向肯定是垂直化。O2O我非常熟悉，那么我就投O2O。

最后，线下众筹、现场众筹会成为线上众筹的必要补充，人不熟悉还是很难把钱托付给你，线下不一样，大家很熟，经过几次约会和沙龙之后，可能人家会真正掏钱出来。

天使客创始人曹强：股权众筹的发展条件正在形成

我们的平台整个股权投资行业其实都没有多少家，都比较小。目前来看，监管条件比较严，比如说投资人的认证、对企业的尽职调查，我们这些平台基本上人数都比较少，规模都比较小，不像券商有足够的资本金做认证，而且我们的平台就在这都比较少，规模都比较小，不像券商有足够的资本金做认证，而且我们的平台就在这里，投资人来自四面八方，如果要对真实性做太多的认证，要全国跑，会给我们带来很大的工作量。

这种监管下来以后，我觉得小的创业公司没有什么机会，只有大的金融集团或者大的BAT公司才有资本达到监管的要求。我们也会向监管部门提意见，希望政策达到一定程度的时候再做具体的监管。

股权众筹风险是非常大的。很多投资人打电话到我们平台，你们有没有担保、有没有回购。实际上我们投资人中间很大一部分是P2P平台过来的，他们奔着高收益过来的，所以就问有没有担保。我说没有，这是非常大的事情，实际上证监会的规定也是为了保护这些人。我们国内的投资人还没有充分认识到这个产品是怎么回事，没有认识到其中的风险，这确实是一个难点。

我的理解是，股权众筹的发展条件正在形成：信息沟通非常便捷，通过社交网络，很容易找到上市公司的问题；社会诚信体系在逐步建立，搜索网络在逐步改善；投资消费观念在改变，我们只有通过股权投资才能分享经济的增长。

但是，股权众筹的投资风险非常高，不是一般的小投资者可以玩的，刚才监管的方向我觉得是有道理的，把投资门槛拉高一下，放到一两万元不适合。我们目前的投资者还没有这个风险识别的能力。很多是P2P过来的，以为你有担保，一问就是你们这里有多大的收益率，这确实是我们投资者的心态没有变过来。

最后，还需要注意道德风险。我们昨天还碰到一个项目，是很有创意的项目，就三个人在农民房里，跑到我们众筹，我挺看好，但是看他们的条件就很害怕，他们家里也没什么钱，现在也没什么钱。他要众筹一百万，我说也可以，你众筹一百万，但是你转账第二天跑了，我也不知道上哪儿找你。虽然一开始没有这个想法，但是人的心态很容易发生变化，一开始没钱的时候做得很好，突然给你100万，你心态就发生变化。这是非常大的道德风险。

大家投投资总监雷红晖：股权众筹的五个典型问题与应对

股权众筹2012年、2013年发展比较缓慢，2014年是爆发期，这受到两个方面因素的促进：一是P2P借贷，前几年市场教育可能到了一定程度；二是互联网和移动互联网的促进。

为什么股权众筹能存在呢？而且还有这么多人非常感兴趣呢？一是创业项目是百万级的，能够被高大上的PE/VC机构看好的很少。另一方面,中产投资人群也是非常广大的,他们有投资能力、有创业情怀,希望能参与早期的投资。股权众筹平台就是服务他们这两群人,我们主要还是做天使和早期VC项目,受资金规模的限制。

股权众筹的本质还是股权融资,还有一个特点是股权投资,这两个东西结合在一起。适合的领域是早期VC的项目,当然它有自己的独特创新就是互联网化,它的思维、组织方式、技术方面,这是它的创新。

股权众筹平台服务费这么低,未来是什么呢?我们主要是从两个方面理解,我们一个定义能够提供有价值的服务,能够解决实际问题;二是自己的模式要做创新。大家投的定位就是互联网天使股权投融资的平台,不仅是融资平台,而且是投资和融资结合的平台。这种模式应该是在线的融资服务商和在线投资管理公司两种角色的复合。

股权众筹面临五个典型问题:一是领投人因为是兼职的方式,可能存在着时间、精力、意识上投入不够的问题;二是项目估值虚高;三是投后管理不畅;四是无法防范联合诈骗的风险;五是退出渠道不完善。

面对上述问题,我们的对策:一是我们项目的估值是采取市场竞价,完全市场化,由投资人报价,他的价格以最低价格为项目的估值最终的价格;二是领投人和跟投人的利益捆绑,我们采取的方式是给领投人送激励股的方式,把他的利益放到合伙企业,只有跟投人赚钱,领头人才能分享投资收益;三是投后管理和服务,大家投的投资经理来协助合伙人来进行规范,包括信息披露,每个季度要求这个项目披露一次信息;四是投资人的退出机制,我们会引入机构投资人,下一轮投资人会提前介入;五是风险补偿金,主要是防范诈骗风险,风险补偿金的来源有两块:诚意金的制度;每个项目退出的时候会把2%的投资收益拨到风险补偿基金。

第五章

未 来 10 年

——中国众筹的无限畅想

前景：人人是天使投资人？

在互联网金融快速发展的浪潮下，众筹模式也得到了越来越多的人的认可，与此同时，其自身的平台价值和其发展潜力也不断地受到资本市场的追捧。

近日，美国知名众筹平台Indiegogo成功获得包括KPCB在内的几大投资方高达4000万美元的B轮融资，这对于在过去两年获得高速增长的众筹行业而言是巨大的肯定，同时Indiegogo的成功也给众筹网等国内一批"从师者"们带来一定的启示。

众筹——互联网金融的"神奇小子"

"站在风口，猪都能飞。"当互联网大佬抛出这句话的时候，一定不会想到，仅仅不到一年的时间，互联网金融在国内就取得了飞速的发展，余额宝、百付宝等各种金融产品开始争奇斗艳，以众筹网引领的国内众筹行业也得到了越来越多的人的认知。

如果说互联网让金融不再是"高富帅"的专利，通过融入更多碎片化的资金和更加方便的理财环境，让更多普通人加入到理财大军，那拥有互联网金融和实现梦想双重元素的众筹模式无疑是互联网金融的"神奇小子"——不仅让更多的人有了实现梦想的机会，同时也有更多的人能够成为投资者，得到另外一种收获。

众筹模式，顾名思义，大众筹资。目前主要的运营模式还是通过创业者将自己项目的信息上传到众筹平台，然后由众筹网站的用户——即潜在的投资者们进行评估审核，决定是否支持。项目发起人设定投资的内容，资金、物品甚至创意都可以，投资者们在项目募集资金成功之后会获得一定的回报。如果在规定的天数内，募集达不到预定目标，项目将会被视为不成功，之前的投资将会返回给用户。

相对于传统的融资模式，融入更多互联网元素的众筹模式无疑能够得到更多的关注和支持，而因为本身其含有梦想的情愫，使得资金回报不再成为投资者衡量项目的绝对标准，这给更多的创业者提供了更多实现梦想的可能。而对于众筹网站而言，随着更多创业者和投资者的涌入，或许除去现在收取项目佣金之外，众筹网站在盈利方面也会有着更多想象的空间。

国内外众筹网站的发展分析

众筹的神奇在国内外的表现更加明显，以Kickstarter、Indiegogo、网信金融旗下的众筹网为首的众筹网站正在飞速的向前发展。根据资料显示，2013年全球众筹网站项目中成功融资的突破100万个，总金额突破51亿美元。

作为众筹网站的鼻祖Kickstarter去年在整体项目数量仅增长不到2000个（2013年成功融资1.99万个，2012年成功融资1.8万个）的情况下，获得300万人共计4.8亿美元的筹资，这个数字相比2012年220万人3.2亿元，总筹资额增长50%。

Indiegogo尽管在体量上与Kickstarter还有一定的差距，但在过去的两年也获得了高速的成长。这家仅有几十个人组成的团队募集资金遍布190个国家，筹集到的资金增长近10倍，其中Ubuntu Edge更是惊艳亮相，在上线24小时内就募集资金345万美元，创造了速度最快的融资记录，而创业发明只占到整体的三分之一，其他创意、艺术以及个人梦想整体金额会更高。

而看国内，以众筹网为首的众筹平台也在中国特色的互联网发展模式下小步慢跑。根据公开网页数据显示，网信旗下众筹网2013年2月上线，截止到现在共计发起众筹项目365个，累积参与人数达到60423人次，共计筹集资金超过1.8亿元，其中去年发起的爱情保险创出了国内融资额最高众筹记录，筹资额超过600万元，"快男电影"项目近4万人参与，创出投资人最多的记录。

实际上，国内外对众筹模式的探索也使得整体发展模式越来越清晰，根据目前众筹平台的项目的划分，大致可以分为三类：第一类是创意、艺术，这些跟梦想的天堂更接近，国内很多网站也在这类项目上收获了很多，众筹网就曾经在去年发起电影、演唱会众筹项目获得很多投资；第二类是创业、发明，Indiegogo上有很多硬件创业筹资成功的案例；第三类是个人梦想、公益，这类项目往往需要融入可以打动投资者的故事，进而可以拿到更多的筹资。

这三个品类从数量上基本各占三分之一，但它们往往都有着相同的特点，一方面项目真实，创业者有梦想，并且在获得支持之后有实现梦想的可能，投资者因此也可以获得相应的回报；另一方面，感情因素的充分使用，通过众筹平台将金融加入更多的人情味，使得这些有意无意"支持梦想"的行为能够成为推动项目吸引更多人的最佳利器。

而对于众筹网站而言，它们也都需要有相应的对策来保证这些众筹项目的顺利执行。首先，需要创始团队能够保持相应的热情，它们的梦想、价值观会关系到上线项目的质量，甚至会关系到整个网站发展的未来；其次，需要建立完备的诚信体系，这些仅仅通过宣传是不够的，需要在项目审核、资金监管、后续服务等方面都需要有相关的配套，以此来增加整个的平台安全；最后，需要倡导众筹的时尚，打造更好的产品，通过更多感情的元素，将消费和投资的内涵进一步扩大，而不是仅仅局限于将物质回报放到第一。

众筹平台在中国

众筹最早进入中国可以追溯到2011年，随着P2P、互联网金融等概念火起来。作为国外众筹网站门徒的众筹网也因为中国特色而与美国众筹发展有着一定的差异：

1.法律和文化的差异

在美国，JOBS法案签署后，众筹的模式受到了法律保护。人人都可以作为天使进行投资并且可以以股权、资金作为回报的方式，而在中国，众筹目前更多的是物质回报方式，股权众筹模式还是仅仅处于摸索阶段。

同时中美在文化上也存在较大的差异，国内用户会更多的倾向于"逐利"而非"投资"，这就使得众筹网站很难让创业者和投资方产生良性的互助。因此，这些差异也使得国内众筹在现阶段的运营方式上略显单一，还没有充分发挥出众筹网站实际作用。同时对于涉及到法律红线的部分，可以跟传统理财公司合作，去年获得很大成功的"爱情保险"就是众筹网联合长安责任保险公司联合推出的。

2.项目选择上的区别

创新项目的缺失，或许对于现在的众筹网站来说是最为头疼的问题，相比国外那些动辄上百万筹资的硬件明星项目，目前国内在这些方面很难达到这个标准。但国内众筹项目在农业电商方面却异军突起。

近期，众筹网就联合本来生活进行了"农业众筹"的尝试，用户在产品上线第一时间就可以享受到最新鲜的产品，通过双方的共同宣传，使得农产品的品牌得到加持提升，更好的实现资源互通。众筹对于整个国内农业电商的发展和农产品的质量提升起到很大的促进作用。

3.盈利模式的探索

实际上，国内外对于众筹模式的盈利也都还在处于探索阶段，但不同点在于，Kickstarter目前是收取5%的项目资金，Indiegogo收取4%，而国内的众筹网站因为还处于起步阶段，需要建立初期的信任机制，拉动更多的创业者和投资者，所以大多数还是免费的。这其实也符合国内互联网产品"免费"的大环境。

但国内众筹网站也在进行相关的探索，众筹网目前收益模式会因行业而不同，例如在娱乐方面可以有相关的衍生产品，在创业方面可以逐步发展为资源提供平台，甚至成为孵化器，给创业者提供配套的解决方案等等。

无论怎样，在2014年互联网金融发展的火热仍然会延续下去，套用Indiegogo创始人的一句话，"资金终究会流向大众"，众筹作为最具发展潜力的行业也势必会插上更有力的翅膀向前腾飞。

据世界银行最新的报告称，中国会在2025年成为世界上最大的众筹投资方，为这个预计达960亿美金的市场贡献近一半的资金（459亿～501亿美金），这基本上是2012年整体风险投资额的两倍。相信这个数据可以让以众筹网引领的众筹网站们得以欣慰。

人人是天使投资人，或许用不了太久的时间就可以实现。

跨界——众筹类型更加多元化?

"众筹"对于大多数人已不陌生，这个起源于美国，借助互联网快速被大众接受，并活跃于各个领域的筹资模式，集合了团购、融资、创业等多种特点，还根据规模和形式分为股权众筹、奖励型众筹、体验众筹和捐赠众筹等。

股权众筹作为普遍为大众接受的一种集资方式，是投资人最愿意看到和参与的。投资人以入股的方式参与到项目中去，既可以解决项目资金问题，还可以让投资人获得更多的收益。

当下，很多众筹平台也是以股权众筹项目为主。但是，随着众筹模式在不同领域的创新和发展，奖励性众筹和体验众筹变得活跃起来，一些艺术、旅游、环保都尝试用这种方式，吸引大众参与进来。

行业纷纷参与众筹

中国环境文化促进会联手上海通用汽车主办"绿动未来"环保公益众筹平台，研发环保产品、倡导环保社会实践、征集环保公益项目、筹集环保资金，并上线了15个不同的环保众筹项目。

不只是环保，艺术和创意科技也在尝试众筹领域，通过赠送明信片、门票、读书卡等多种方式，吸引投资者参与。与股权众筹和债券众筹不同的是，这些项目回报投资者的不是金钱，而是纪念品、体验或生活方式，相比前两者更有趣味性，而且投资门槛低，娱乐性强。

从这个方面看，众筹的作用和意义已超越了其一开始的朴素意义。最初，众筹的核心思维是搭建一个平台，汇聚各个小个体的力量完成一个项目，并让参与的小个体获得当中的利益。在这个模式里，强调的是筹资功能和回报模式。

而如今，众筹不仅可以成为新锐产品试探市场反应的一个有效渠道，还可以是粉丝经济的植入营销模式，甚至还可以是炒作曝光的一个有效途径。无论是何种形式，我们依稀可以看见其中的一条共性规律——众筹模式需要结合推出者自身的既有优势，既基于其，又高于其。

众筹类型趋于多元化

"众筹最关键的价值在于价值发现。"众筹网CEO孙宏生认为，众筹能够风靡全球的原因是由于它更低的融资成本，甚至零融资成本。相对于各种各样的融资平台，众筹的融资设置的非常低，而且效率也高，能够让发起人在很短的时间内成功筹到资金。

孙宏生指出，众筹类型中占比最大的是债权众筹市场。在孙宏生看来，因为相关法律法规还不完善，导致股权众筹增长缓慢，"据了解，关于股权众筹的认定和标准已经提交到立法机构，乐观的估计，如果今年下半年证券法修改后，将以法律的形式对股权众筹的合法化、投资人数的上限以及初创企业融资规模的上限进行规定，届时，整个行业将呈现爆发式增长。"

但奖励性众筹和捐赠众筹的规模预测也是比较乐观的，由于看不到具体数据，所以对于奖励性众筹好捐赠众筹没有具体的数据。但是通过追梦网、点梦时刻和点名时间等平台可知，奖励性众筹和体验众筹十分受欢迎，尤其是依托粉丝的众筹项目。

不仅类型多元化，涉及领域也十分广泛。从最初的艺术创作项目到小微企业融资、大众创业项目，再到环保、公益等领域，一直到现在的房产、物业，众筹似乎可以跟所有行业融合，还产生了不同的化学反应。

业内人士称，随着不同行业的涉足，众筹类型会更加多元化，将根据行业的需求不同而延伸出更多的模式，这是一个必然。

发展之路任重道远

与其他行业一样，众筹也会遭遇"青春期的烦恼"，监管、风险等多个问题考验着这个依旧很"年轻"的众筹行业。

"由于国内诚信体系不完善的现状，使得众筹行业的商业风险要大于法律风险，投资者的准入和认证也是非常重要的。"天使街CEO黄超达认为。

黄超达的担心并非多余。日前，碧桂园联合中国平安共同推出的房地产众筹产品，就引起的多方的争议和质疑，争议最多的无疑就是法律风险和具体操作性。

由于众筹是新领域，很多行业也是初次参与众筹或推出众筹产品，具体操作存在问题也是可以理解的，但这个问题会随着行业与众筹领域的不断融合而得到解决。但是，法律风险性就充满了很多不确定性。

针对众筹存在的风险性，刘思宇认为众筹的风险是可以控制的，并能通过互联网的手段解决：避免创业者和投资人、投资人和投资人之间的信息不对称；通过标准化的规则，将股权众筹融资标准化、规范化。

当然，除了平台自身做出努力外，相关部门的监管和法律文件也是不可缺失的，只有让风险有法可依，才会真正从源头杜绝可存在的法律风险和投资风险。

中国证监会新闻发言人张晓军在例行发布会上就曾透露，证监会在深入调研基础上已初步形成了股权众筹试点方案，正在履行必要的程序，有关工作进展情况会及时向市场通报。

而中国人民银行金融研究所所长姚余栋7日在"互联网金融千人会"上的一番阐述，从另一个侧面透露出监管层对于股权众筹的看法和监管思路。他指出央行金融研究所的研究成果"股权众筹54321方案"，旨在将股权众筹打造成为中国资本市场的新五板，培养多层次的资本市场结构，股权众筹作为多层次的市场补充，对控制整个市场的杠杆率是有帮助的。

业内人士称，伴随着国内相关监管法规的出台，股权众筹行业将步入更为规范的发展阶段，未来股权众筹市场发展空间至少在千亿以上。

众筹作为金融行业的新生事物，其未来的发展是不可估量的，尤其是股权众筹，它的出现是对市场资本机构的有力补充。刘思宇认为，股权众筹行业未来将由"资源导向型"向"流量导向型"转型。今年，"行业或许将迎来一轮规模的爆发式增长"。

趋势——爆炸性增长引发企业革新？

国内众筹平台最大的价值在于它是一个放大镜和聚光灯，它为项目能够带来的不只是VC，还有把产品从小众推向消费级市场所需的资源。往往那些在传统渠道得不到风投或捐助的项目，在众筹平台上却能大放异彩。

众筹曾是那些无法获得传统融资的公司的筹资渠道，如今却已经成为主流趋势。据众筹研究公司Massolution的统计：在2014年，所有活跃的全球众筹平台共筹集了162亿美元，这一数字预计将在2015年翻倍增为344亿美元。

随着企业对众筹活动认识的深入，众筹越发成为主流融资渠道之一。创业公司依靠它获取资金，大型企业凭借它测试产品市场……这样爆炸性的增长必将引发革新，而企业家必须适应这些变化。

中国众筹平台的10个趋势

1.全球众筹融资业务的年营收将迅速增长甚至翻倍

众筹融资在2012年呈现爆炸式的增长，这对于那些拒绝相信的人而言是悄然无声的，但对于那些欣然接受的人而言，众筹融资在2012年3月8日至4月5日奥巴马总统将JOBS法案签署成法律期间呈现出的爆炸式增长却是响亮明澈的。知名调查公司Massolution发布了一项针对众筹融资的调查统计报告，称"2012年众筹资金达27亿元，成为继公共和私募融资后的又一行之有效的融资方式，而2013年大众融资总额可能将继续攀升到50亿美元之多。"

2.众筹融资平台通过国际扩张发展壮大

各家众筹融资公司目前都是资金不足，可以收购的资产很少；而且对众筹融资网站缺少标准化的估值方法，所以在未来几年，各大众筹融资平台将会通过国际扩张而非并购来使自身发展壮大。虽然目前存在一些收购交易，但是多数都是收购相关运行网站的负债，然后投入更多资金以吸引流量，因为众筹融资存在一个固有的挑战——促使流量流向自己网站的成本如同无底洞。未来将会看到一轮淘金热：在全球扩张的公司将会抢占市场份额，以创新作为明显优势实现内生性增长。

3.众筹平台向垂直型、专业化方向发展

众筹平台希望借力于市场分工，因此专业的、按产业与项目分类的平台更加符合社会的需求，比如专门关注电子游戏、唱片、艺术、房地产、餐饮、时尚、新闻业等等不同垂直细分的专业众筹网站。评价众筹平台表现的是投资回报，而该项表现特别突出的当然是针对某一种行业或项目的众筹平台。使自己的服务与众不同也是众筹平台选择特定方向的原因之一，只有提供差异化的服务，才能形成核心竞争力。此外，建立一个垂直型、专业化的众筹平台有助于吸引特定出资者反复投资，因为决定众筹者投资方向的，并不只是简单宣传活动，他们还会考虑众筹公司是否符合其关注股方向等问题。

4.众筹平台将呈现投资本土化发展趋势

Amy Cortese是一位商人兼财经记者，在她2011年出版的《投资本土化》中，对"本土化投资的改革"的兴起，以及众筹集资在其中的促进作用进行了描述。预计未来这种改革的势头将更加迅猛，其原因正是众筹平台更加专注于本土投资。自2012年3月奥巴马总统签署JOBS法案至今已经一年有余，但美国证交所（SEC）在立法上却没有对创业融资表现出支持态度。相反，一些州政府对创业融资给予积极响应：

已经有至少四个州（路易斯安那州、南卡罗来纳州、佐治亚州、堪萨斯州）允许采取众筹形式进行商业贷款。

5.企业众筹将异军突起

目前，越来越多的大型公司、协会等开始把目光投向众筹集资，探索这一融资模式如何帮助其进行市场调研和市场推广，使创新产品能尽快融入市场以及如何迅速提高其自身的社会知名度。这些机构采用众筹融资的好处不仅在于通过众筹平台吸引额外的资金，还将原本应由公司内部做出的决定放到民主的决策平台上。近期，美国建筑师协会（AIA）发表了一份针对众筹作为民用、商用和公用基础设施融资潜在新来源的报告。普通的融资方式对小型企业来说非常难以利用，而众筹在为小型项目吸引投资上存在着巨大商机，对推动社区支持和为各式各样的基础设施企业融资提供很多方便。

6.众筹平台将推动众筹经济发展

由于众筹的社会知名度，以及其在联系小型微型企业方面不可替代的作用，包括世界银行和美洲发展银行在内的许多银行和类似机构，都正在寻求通过支持众筹以推动经济发展的新方案。美洲发展银行的多边投资基金（MIF）正在开发拉丁美洲潜在的众筹市场，目的在于通过众筹模式为较难获得企业融资的小型企业争取发展机会。拉丁美洲的众筹产业尚处在起步阶段，在过去几年中陆续建立了包括crowdfunder.mx和idea.me在内的约40个网上众筹平台，其中，太阳能、教育和社区发展是最具发展潜力的领域。

7.众筹平台将促进慈善化众筹经济的发展

众筹平台，尤其是基于捐赠的众筹和无利息众筹，向来获得慈善企业的支持。小型企业因为其融资需求量非常小，与众筹平台的供给条件非常匹配，即个人捐赠或贷款就可能成为成功融资的契机。对这些部门来说，众筹是宏观经济发展升级的先决条件。

8.众筹平台线下活动增加，现场众筹成为线上众筹的必要补充

在实践过程中，项目发起者的现场融资展示行为不仅能吸引媒体注意、创造巨大的市场机会，还能帮出资者获得网络众筹所不能实现的排他性。Massolution的报告中显示："现场融资展示在新产品新交易的排他性方面远超在线融资。例如在2013年10月，Crowdfunding Roadmap将举行第二次'全球融资会议和培训'，此次会议和培训将首次采用现场融资展示的方式，任何人只要走近展台，都能当场参与以捐赠和报酬为基础的众筹活动。"此外，如果企业缺席本次活动，或十月后才能落实其计划，Crowdfunding Roadmap将为其提供活动现场大屏幕视屏展示的机会，同时配有二维码，帮助他们吸引潜在的投资者，扩大市场影响力。

9.适应保守政策的新型众筹应运而生

由于众筹平台存在的信息不对称和金融风险，很多商业人士仍把众筹看作一片危机四伏的雷区——其可能导致出资者把资金浪费在糟糕的企业身上，甚至令经验不足的出资者成为欺诈事件的受害者。这种风险极有可能会催生出越来越多的专门撮合难以获得私募投资者关注的小企业与投资人达成协议的改良版众筹平台。美国的CircleUp和SoMoLend两家公司已在此领域率先进行大胆探索。

10.众筹平台的未来盈利模式将会多元化

虽然目前类似Kickstarter的主流众筹网络平台大都依靠佣金的商业模式盈利，但收取佣金并不是众筹平台盈利的唯一渠道。伴随着众筹模式和众筹平台的不断发展，未来众筹盈利的新商业模式大概还有以下几条道路可选：其一，做资源平台，把网站上的创意产品和硬件公司、VC结合起来；其二，做"内部投资"，由于掌握着众多优质项目，想要在商业模式上寻求突破的众筹平台未来完全可以投资平台上的优秀项目甚至直接转型成为孵化器；其三，在众筹平台互联网流量足够

大时，也自然衍生出广告这么一个互联网平台非常成熟的商业模式。

行业格局四大演变

1.综合众筹平台格局待定

众筹从互联网应用上而言，并非一个复杂的系统。任何一个互联网应用，都终将是赢家通吃一家独大的，相信众筹平台经过多轮拼杀和竞争后，也会是剩者为王的局面。众筹业务的业内竞争，也许不仅仅是在当前这些专业应用平台之间进行，真正叫大平台的，还是掌握了用户入口的BAT（百度、阿里、腾讯），只要哪里有机会，他们一般是不会缺席的。可以预见，未来他们也将是众筹的重要成员，甚至跳出来独执牛耳。

2.垂直众筹大放异彩

面向大众，也并不表示人人参与。众筹无论是筹的资金、智慧、资源，都只会掌握在某些人手中，如果不是因为稀缺，又何必要筹集呢？特别是某些专项资金，专门的知识与智慧，独特的资源与贡献，都将会向特定的群体、圈子进行募集。未来众筹的应用领域会五花八门，无所不入，文化创意、影视、音乐、工艺、小说、动漫、游戏、硬件、服务、房产、海岛、权益、团队、组织，都可以去众筹，而各行各业有各自的门道，有各自的思维视角和商业逻辑，有各自的交流语境和评判标准，所有垂直众筹都要去研究所在行业的独特业务逻辑和业务流程，否则，只是一个应用分类的话，就会是综合众筹平台的下酒菜。

就像分类信息网站，如果只是发布一些基础的通用信息项，58同城这一综合门户就无所不包了，但是具有独特业务逻辑和业务流程的一些垂直领域，比如招聘、房地产、理财，就会产生垂直的业务门户，58想吃也吃不了的。

3.微组合机制更加强大

众筹的魅力，很大程度上是在于可以集合组织起大众来参与的机制与系统（注意，不是指面向大众做营销），一笔融资100万元一个专业投资人搞定，这里面是不需要什么集合组织能力的。一笔投入100万元，100个人出资联合搞定，就需要强大的集合组织机制与系统，来保障权益的平等与监督执行，并且进行职能分工。一笔投入100万元，让成千上万的人来参与，五毛八块钱都可以参与的话，更细的参与颗粒，考验的更是组织机制与系统了。

众筹作为一种股权筹资的形式，最大的优势在于把专业的价值判断、投后管理工作与财务投资工作分开，从而实现分功协作与集合管理。众筹的未来，有机会解决五毛八块钱的参与和权益确定，就意味着分工更细、集合程度更高、协作性更强，那么未来众筹的形态上会更丰富，当前的众筹（基于互联网），即将的云筹（基于云计算云存储云服务和云资源），未来的微筹（更小的份额，更微的出资，更广泛的参与），都将各领风骚。

4.众筹走向服务化

与P2P网贷比较起来，网贷从投资人把款放出去，到把钱收回来，一笔业务才算结束。众筹呢，目前来看，好像各家平台都是帮着把钱筹到，活儿就结束了。创业项目筹到资，其实只是第一步，如何帮助融到资的创业项目成长，提高创业的成功率，提高投资人收益机会和比率，才是众筹最需要面对的。众筹的流程，从筹资开始，要到退出才结束。

六大主流众筹趋势

1.大平台控制市场

据Massolution调查显示，众筹平台的数量在2013年为308家，而在2014年升至1250家。

虽然在具体的市场领域，服务创企的网站有所增加，比如服务应用开发的AppStori、服务医疗保健的MedStartr以及服务食品和农业的

Barnraiser，然而Kickstarter和Indiegogo等主流网站的主导地位并未被撼动。数据显示，Kickstarter目前有超过7500次活跃的众筹活动，而AppStori仅1次，MedStartr为5次，而Barnraiser也只有12次。

加利福尼亚大学伯克利哈斯商学院的全球众筹和另类金融研究者Richard Swart指出："众筹与社交媒体非常相似，几家网站就能主导全局。"

然而不可否认某些小众网站也极具潜力，Swart相信它们也有可能成为众筹领域的主流平台。他指出："大型平台坐拥业务和风投的大量战争基金，这使得他们市场影响力远超小型网站。"

CrowdfundInsider预测今年发生的一系列合并和收购将有助于小型平台扩大规模，更好地对抗市场垄断。

2.雇用专业众筹机构

对创业公司来说，不论是希望以奖励形式的众筹活动来吸引投资者，还是希望通过股权平台为投资者提供公司的股份，他们中多数都会选择雇用专家来运营众筹活动。

位于洛杉矶的Agency2.0于2010年开始经营众筹活动。该团队已经进行了200多场活动，从2010年平均融资16.8万美元增长至2014年的85万美元。

其创始人Chris Olenik指出："我们的用户都十分善于开发新产品，但缺乏众筹经验，然而谙熟流程的我们可以为他们组织一场成功的众筹活动。"

Agency2.0和其竞争对手掌控大局，从起草pitch到放映活动视频。大多数机构都需要收取筹备费用（Agency2.0根据工作的复杂性收费为3千美元到2.5万美元不等），以及融资总额3%到20%的手续费。

在2014年的一次Indiegogo众筹活动中，NewportBeach的创始人兼CEO为加利福尼亚的ChargeTech联系Agency2.0，希望通过它的帮助提升活动，吸引额外的资金。

他指出："我们竭尽所能来组织这次活动，而Agency2.0更是锦上添花，为我们带来了更多的支持者和股份转换。"

除了该次活动已筹集到的12万美元，Agency2.0还为ChargeTech的旗舰产品（号称是全球最小的手机充电器）带来了32.6万美元的融资。这笔融资让Agency2.0的费用变得物超所值。

3.众筹活动不再仅限于初创企业

Corporate America也进入众筹阶段。Swart称诸如Corporate America、KIA以及Kimberly-Clark的大品牌已经通过众筹来为新产品测试市场。

他解释说："企业逐步认识到众筹平台中的社会参与不仅可以促使企业创新，还可以为销售讨论组提供替代方案。"

许多大公司都以附属公司的名义开展众筹活动，否则未来的支持者很可能受到品牌效应的影响，使公司无法获得客观的产品反馈。比如Sony在日本平台上为E-Ink概念表开展众筹活动时，就将它放在了Fashion Entertainments（Sony公司中负责开发新一代可穿戴设备的部门）名下。

随着越来越多的大企业在众筹网站上开展众筹活动，Swart担忧这一倾向会冲击草根众筹环境。

他指出："我们不能断言这些百强企业的方式是否破坏了众筹环境，但这无疑会使创业公司更难脱颖而出。"

4.众筹成为风投者的要求

有时创业公司为获得风险投资会选择开展众筹活动，借此测试自己的产品并征得用户反馈，并在与投资者接触前做足准备，因为他们相信这样可以吸引风投的关注。

宾夕法尼亚大学沃顿商学院管理学教授Ethan Mollick称，越来越多的风投者希望创业公司在向自己申请投资之前，能够先进行众筹活动。

他说："众筹是对公司能力的肯定,对获取风险投资很有帮助。"CB Insights2014年的研究表明在2009到2013年间,440-plus硬件创业公司在Kickstarter或Indiegogo众筹活动中共获得了超过10万美元的融资,而后它不出意料地获得了3.12亿美元的风险投资。

在2013年,科罗拉多风投公司Foundry Group宣传将为AngelList的众筹活动投资250万美元,这一举动让它上了头条。Mollick特别指出:"在众筹成为主流的同时,风投者也越发关注它。"

5.新融资模式应运而生

众筹"资金"的出现使得投资者可以支持多类项目,而非瞄准特定的活动。

英国平台Crowdcube与Braveheart Investment Group合作创立了一类资金,它使投资者可以对自己感兴趣的所有领域投资。

Swart将这种投资比喻为小型私人公司的共同资金,他认为美国创业公司和投资者都能从中获益。但就目前而言,它的未来仍需观望。他解释说:"根据就业法案来看,这种投资行为在美国并不合法。"但他相信,这种众筹行为将随着投资业的成熟而被接受。

6.股权模式将大行其道

由于JOBS法案改进了关于可信任投资者可参与股权众筹的有关条例,诸如Fundable、Crowdfunder、CircleUp以及AngelList的新平台均以该市场为目标涌现出来。

Behzadi开展PopSlate项目时也采用了股权模式,随后获得了160万的种子轮融资,其中包括了从Fundable(帮助投资者以投资的方式获取企业股份)中获得的30万美元。

Fundable的创始人兼CEO WilSchroter指出:"创业公司总是想方设法地让投资者投资更多资金,然而资金一旦升至25万、50万或100万美元时,投资者就会要求获得公司的股份。"

在2013年，创业公司共通过股权模式获得了2.04亿美元融资，该数字预计在2014年最高达到7亿美元——占众筹市场资金总量的7%。据Crowdfund Capital Advisors估计，有71%的创业公司学习这些从机构投资者中成功融资的股权众筹活动。

共获得PopSlate7%股权的投资者们将公司股权分为8份。不过Behzadi坚持认为，股权模式的意义远不止于获得资金。

他解释说："公司的决议更具战略性，这并不是仅靠资金就能达到的。我们欢迎能在财产分配和合作关系方面起到帮助的合作伙伴，他们的社交网络和门路将对我们大有裨益。"

众筹可能演变出的六大商业模式

2014年火热的互联网金融商业大潮中P2P吸引了众多眼球，但作为互联网金融的另外一个主要商业模式众筹却显得相对冷清。2013年全球众筹总募集资金已达51亿美元，其中90%集中在欧美市场。世界银行报告更预测2025年总金额将突破960亿美元，亚洲占比将大幅增长。

中国的众筹市场必将被逐步引爆，掀起另一个互联网金融的热潮。众筹平台的想象空间巨大，可以演变出各种商业模式，具有巨大的商业价值。无论对投资人和创业者，众筹都是未来的潜力股，在所有互联网金融的商业模式中，众筹对中国社会的经济发展正面意义最大。众筹带来的不仅仅是投资收益，更重要的是其可以为创业者提供支持，发挥创业者优势，支持新兴创业势力，推动社会经济发展。

P2P和众筹将共同承担中国互联网金融打破金融资源配置不均衡状

况的使命，降低中国民间融资的利率，增加直接融资的比例（目前中国直接融资比例为15%，美国为80%）。

众筹的种类很多，从产品的收益角度可以分为产品众筹、债权众筹、股权众筹、公益众筹等。我们抛开产品收益，从社会积极意义的角度出发，介绍一下众筹可能出现的商业模式。

产品重生的舞台

有了众筹平台，创作者可以向投资者和消费者展现他的才华和产品，优秀产品不会被轻易抛弃。设计师可以将自己的设计放到众筹平台上接受消费者的检验，如果其作品真的得到大家的好评，具有市场，设计师可以通过众筹平台轻易汇集资金，找到厂家来生产。生产者和消费都可以来源于众筹平台，这个众筹项目不仅可以为投资者和生产者带来收益，同时还可以实现设计师的自我价值。

适应此种商业模式的还包括灯具设计师、服装设计师、玩具设计师、家居设计师、工艺品设计师、广告设计师等。一旦众筹平台连接了这些具有实力的设计师，生产厂家、商家和投资将会迅速帮助设计师进行工业化生产，帮助产品占领市场，获取高额收益。设计师在实现自我价值同时也帮助了缺少设计人才的生产厂家，商业想象空间和市场巨大。一旦有一两件影响大的成功案例，将会迅速引爆众筹平台，进入人人时代。

高科技产品推广的平台

人类社会即将进入场景时代，借助于移动设备，传感器，大数据，社交媒体，定位系统的五大原力，人类的生活轨迹和社会行为都将数据化。可穿戴设备、各种类型传感器的出现必将带来一次产品革命，由于其市场巨大，很多厂家都在投入资金来进行开发。可穿戴设备需要大量用户进行测试，进行产品功能和外形的改进。

借助于垂直的众筹平台，可穿戴设备可以快速吸引用户参与测试，提供反馈报告，并且通过众筹平台吸引更多的客户注意，为自己的产品进行免费宣传。具有创意产品同样可以为众筹平台带来客户，增加客户的黏稠度，提高众筹平台的商业价值。众筹平台也可以吸引专业风险投资机构来加入，为这些高科技产品提供资金支持。可穿戴设备的投资较大，不太适合债权众筹和股权众筹。但产品众筹可以帮助这些高科技产品找到目标客户，同时利用平台的反馈来升级产品，众筹平台网站具有客户来源广泛，客户文化程度较高，客户较为专业的特点。

高科技产品利用众筹平台进行产品众筹是个双赢的模式，即有利于企业自身的产品的宣传，又有利于众筹平台知名度的提高，如果良性发展下去，市场空间巨大。国产的高科技产品众筹市场还在发展中，众筹自身的商业模式也没有成熟，急需一到两个项目来引爆这个市场，高科技的可穿戴设备应该是一个最好的引爆点。

艺术家的大众经纪人

艺术家成长的道路艰辛苦涩，面临着内部和外部的压力，如果没有用户的支持，很多艺术家就会半途而废。有的人可能会屈于某种压力，放弃了自己的个性，丧失了艺术家的独立性，成为模子化的庸才。

借助于众筹平台，艺术家完全可以向社会展示其艺术作品，无论是雕塑也好、油画也好、工艺品也好。独立的艺术家可以通过众筹平台募集资金来办展览或生产，借助于众筹平台，艺术家不但可以来展示自己的才华，得到用户的认可，还可以通过平台听取广大用户的建议，对自己的艺术作品进行再次创作，寻找新的灵感，升华自己的作品。众筹平台带给艺术家的不仅仅是资金的支持，同时带给艺术家的是更多用户的支持和鼓励。用户完全可以通过众筹平台来帮助艺术家成长，成为艺术家的大众经济人，同时获得资本收益。

目前国外的一些众筹平台已经通过画展筹资，艺术讲座，工艺品生产等方式帮助艺术家进行创业，其成功的商业模式吸引了大量的用户，并获得了较好的效果。

众筹平台不仅仅是打通艺术家和客户之间信息通道，同时也借助于平台让人人参与艺术创作，吸引大量的艺术家和用户，增加客户的黏稠度，形成用户规模，提升众筹平台的用户价值。

软件开发者的天使投资

我们正在进入软件定义的世界，我们使用的很多智能产品，其实质就是软件功能。无论是手机应用，智能家电，可穿戴设备，智能医疗产品，大数据商业应用其后面都是传感器加软件应用。

对于软件开发者，软件应用目前正向App的趋势发展，几个软件开发工程师可以短时间内完成开发工作，软件的开发工作正逐步从大规模的商业化生产走向具有独特洞察力的软件精英的发明创造。过去很多成功互联网企业包括豆瓣网、美丽拍、猜猜看都印证了独立软件开发者的成功。独立软件的成功正在从团队合作的模式转向软件天才的成功。

借助于众筹平台，这些可能没有毕业的软件天才或者是在大公司工作的螺丝钉都能通过众筹平台展现他们的创意，在得到资金支持后加速器产品的开发。众筹平台带给他们的不仅是资金还有对他们未来的支持和鼓励，同时也可以帮助他们找到志同道合的伙伴，收集大量的用户反馈。众筹平台可以成为软件开发天才的天使投资人，其没有其他天使投资人强势文化的缺点，尊重软件开发人才的自由成长，成为软件开发天才的忠实支持者和用户。

社会企业和慈善事业的新平台

过去几年，中国的慈善行业从社会捐款、政府统筹的形式正在走向社会企业和个人独立发起慈善活动的形式，出现了各式各样的慈善平台和方式，例如李连杰的壹基金，浙江金华的施乐会，腾讯公益等。众筹平台依据其自身特点，很适合发布慈善活动，实现我为人人、人人为我的目标。公益慈善事业可以帮助更多需要帮助的人，实现社会的和谐平等。

借助于众筹平台，可以发起多种形式的慈善活动，包括钱款捐助、衣物捐赠，义务支教，技能培训，产品销售，公益培训等。众筹平台的透明性较强，专款专用，有利于提高慈善活动的透明度，同时也有利于大众进行监督，平台可以收集慈善获益方的反馈，推动慈善事业的扩大发展。众筹平台也可以作社会企业产品和服务的展现平台，帮助社会企业进行产品推广，增加人们对于社会企业的关注，支持社会企业的发展，同时众筹平台也可以提供资源整合，为社会企业发展提供良好的环境。

社交活动另一个平台

名人讲座、主题讲演、产品发布会、读书会都可以形成社交圈，这些线下的实体活动将可以通过众筹平台来组织，通过众筹平台建立一个成熟的社交圈子，聚集各式人才。众筹平台的一端可以是产品设计师、财经作者、网络小说家、自媒体人、影视剧本创作人、艺术家、社会企业等。众筹平台的另外一端是消费者、用户、个体投资者、专业人士、投资机构等。众筹平台利用其平台优势，使人人参与产品设计，人人都是设计师，人人都是用户，人人都是消费者。众筹平台利用其平台优势，将创业人才和资金用户连接起来，有利于创业者自身事业的发展和产品的完善，同时也有利于社会资源的整合，为投资者提供投资平台，为愿意帮助别人的人提供舞台。

众筹平台通过以上的商业模式，将产生巨大的商业价值，同时对社会资源合理配置起到积极的作用。众筹这种商业模式的主要积极意义在于：

为个人创业者提供另一个人生舞台，为其提供资金和用户。

为具有市场的产品提供重生舞台，避免资源浪费。

帮助投资者实现个人梦想，同时也帮助他人，实现资本增值。

打造专业的社会圈子，利用认知盈余，开启人人时代。

为社会企业和慈善事业提供舞台，实现人人互助，推动社会公益发展。

《长尾理论》作者克里斯·安德森在其新书《创客》中介绍说西方的工业正在开启第四次工业革命，先进制造业和互联网行业正在进行融合，激光切割机，3D打印机，还有数据铣床都在大规模应用。数字化正在进入制造行业，产品制造在进行数字化，工厂管理正在进行数字化，大规模制造的标准化正在被3D打印的个性化所影响。工业化机器人的应用将大大降低生产成本，提高产品质量。任何一个国家想要真正强大，必须有坚实的制造业基础，美国经济的25%仍然是制造实体产品的制造业，如果将产品分销和零售都计算在内，其制造业占经济的比例达到75%。其他的服务型经济都是为实体经济服务，过分的强调金融效率和金融产品衍生功能将会造成虚假繁荣。

众筹平台为创业者提供支持，帮助创业者服务于实体经济。借助于众筹平台，每个人都可可以发挥自己的才能，实现个人梦想，众筹平台将会成为每个人的第二人生舞台，利用认知盈余开创人人时代。

公益与众筹——最具代表性的新公益平台？

衡量现代社会文明程度的重要标准之一就是公益。不过，不同的人对公益的理解存在明显的差异，他们做出的公益选择也各不相同。现阶段，新公益平台不断涌现，它们正在逐渐改变人们对公益的理解与认知。最具代表性的新公益平台非众筹网莫属。

相信绝大多数人对公益与众筹这两个概念都非常了解，而所谓的"公益众筹"指的是，通过凝聚众人的力量，基于众筹平台来为需要帮助的人提供必要支援的公益方式。它采用互联网的方式来发布筹款项目和募集资金。公益众筹相对于传统的公益融资方式，优势非常明显，它更加开放。公益机构、民间组织等只要有公众喜欢的公益项目，都可以通过公益众筹的方式获得项目资金。众筹网对公益项目有很高的要求，会通过层层筛选来选择支持的公益项目并发动支持者投资。较之传统公益，公益众筹的项目更加多样，项目操作过程更加透明。实际上，在众筹网看来，其新公益的特点正是他与传统公益之间的区别。

国外公益众筹的启示

英国是世界上公益众筹发展水平最高的国家。Prizeo是英国发展最好的公益众筹平台，其借助名人在社会中的影响力为需要受助的对象募集善款。主办方一般通过两种方式来筹集款项，一种是用与名人面对面交流的特权吸引捐款者，另一种是竞拍名人捐出的私人物品。例如，明星可以动员自己的粉丝参与到某项慈善捐款活动中，并为捐款者提供一定的奖励，例如签名合照或参加慈善晚宴等。事实证明，名人的参与，利用名人效应，名人的带头作用，大大促进了英国慈善事业的发展。

目前全球最大的公众筹集善款的机构是在2009年成立于美国的Fundly。它专注于公益项目和活动。根据有关数据显示，Fundly从成立至去年年底，共筹集到超过3万亿美元的善款，累计为18万个公益项目买单，使很多人从中受益，从中可以看出，公众众筹不但能够很好地解决公益项目资金的问题，同时又能促进社会的发展。

这些公益众筹平台的成功运营为我国发展公益众筹事业提供了参考，针对项目和领域的不同，我国公益众筹需寻求新的发展模式。以往我国慈善事业获得资金的方式多是由企事业单位或组织募捐,而公益众筹将更多的群众吸引进来。

近年来,我国的公益模式发生了很大变化。过去,我们的公益模式非常简单,无非是组织一次宣讲活动,摆一个募捐箱,由参与者根据自身意愿将捐款投到捐款箱里。如今,这种募捐方式已经很少见了,越来越新颖、时尚的筹款方式不断涌现,例如徒步、微博互动以及长跑接力等。募捐的方式越来越强调参与性,也越来越将它与积极健康向上的活动联系起来。这说明,公益众筹越来越强调其公益性,越来越注重其人性化,筹措资金的目的是服务于公益,改善我们居住、生活的环境,促进社会的发展。此外,捐款的支付方式也变得更加多样化,以往的募捐箱已鲜有出现,现在募捐方式更加电子化,也更加方便,例如支付宝或者微信支付等,只要手里有电脑或手机,就能发起募捐和实现募捐。这些现代支付方式不仅提高了公益捐款的便捷性,还提高了公益项目运作的透明度,可谓一举两得。

作为一种公开的融资方式,不可避免地,和其他的融资方式一样,也要面对公众的信任度的问题,这也是决定公益众筹能否持续发展的因素之一。目前,公益众筹最大的问题是公众普遍对公益项目的内部运作持怀疑态度,它也制约和影响了公益众筹的发展。这种疑虑可以通过公益项目信息的充分公开来消除。阳光、透明的市场化公益动作方式,是作为开放式众筹的优势所在。在发达国家,公益机构就通过增加透明度获得了公众信任。

以美国为例,公益机构不但要及时公开政府规定的公益项目的标准和规则,而且要将公益项目的申请以及实施过程公开,接受公众全方位的监督和质疑。专门负责监督的机构要给予慈善机构客观的评价,如果监督机构给予他们的评分过低,慈善机构就要面临经营困难无人资助的境地。为了能够获得生存和发展,这些机构在自身运营和投资的公益项目上尽最大可能做到公开透明，使得所有关注机构以及公益项目的个人或团体都能够随时获取他们想知道的数据。这种诚恳的态度吸引了大批热衷于慈善的人们。

国内公益众筹的现状

国内发展的众筹网通过线上、线下两种方式进行众筹，实现公益项目的一条龙服务。在众筹网，获得资助的公益项目很多，例如大家熟悉的助跑马拉松公益项目以及关注贫困山区孩子以及留守儿童项目。第一个项目的服务对象是自闭症儿童。儿童是一个国家未来发展的主力和支撑，而自闭症儿童的治疗是一个非常长期的过程，需要大量的人力、物力和财力，也更需要来自社会的关心和帮助。该公益项目为这些儿童的治疗提供一定的资金支持，并积极调动更多的医生和老师加入进来帮助这些孩子走出困境。第二个项目主要为贫困山区的儿童提供合理的营养饮食。儿童时期是身体成长的关键时期，需要合理的营养结构，但是有些贫困地区的孩子连填饱肚子都成问题，更不用说关注营养问题了。中国的发展一直是不平衡的，而这些贫困山村的儿童，更是缺少关注，或者说关注力不够。众筹网这个项目能够让更多的人去关注贫困山区儿童，知道某些山区的贫困程度，从而吸引有实力的慈善人士关注山区发展，帮助这里的孩子茁壮成长，为中国明天的发展，培养健康又有活力的新接班人，同时，从改善人本身的素养出发，建造一个和谐、阳光的社会。

公益众筹的核心根本

以往我们接触的互联网公益，大多采取将公益项目推广并积极募集资金的方式，没有后续的跟进和服务。现在的公益众筹则着重提高公益项目推广后的参与度，使捐助者能够更加体会到参与公益的乐趣和帮助他人的成就感。随着众筹网等新兴公益网络的出现，众筹公益衍生品也将随之出现。

　　我们可以将公益衍生品理解为情感或感悟，即捐助者参与公益项目时获得的多种情感，例如快乐感、成就感、满足感等，并形成自身对于公益活动的感悟。使参加公益项目和公益活动的捐助者，不但能够帮助他人，助他人成长，同时，也能够使自身对生命的感悟更具体和丰富，完善自我。这样的公益活动不仅使公益项目得到了成功，还让捐助者从中受益良多，获得公益衍生品。

　　去年年初，众筹网平台上成立的友成基金会进行了一项公益活动，名为"我们都是一家人"，旨在帮助雅安地震中受灾严重的火炬村的老人们。活动为每个老人准备了一份特殊的礼物以慰藉他们的心灵，使他们感受到来自社会大家庭的温暖。此次活动还免费为本村三百多个家庭拍摄全家福。为了扩大活动的参与度并能够深入其中发挥作用，这些全家福将在元宵节加以评比，积极参与活动的家庭都能够得到数额不等的资金奖励。

　　为了提高大家参与这次雅安活动的热情，举办方把平台搭建在众筹网上，捐助者可以根据自己的实际情况选择捐助金额，范围在20～500元之间。参与此次活动的捐助者可以收到活动举办方赠送的纪念品并获得火炬村全家福的阅览权，分享彼此的快乐。在众筹网进行募集资金的全程是透明的，任何关注此次活动的人士都可以查阅活动的进度以及善款使用明细等情况。此类活动的方式已经将传统的捐助方式改进，使捐助者和爱好公益的人士都亲身参与其中，获得更多的快乐。

　　在众筹网，这类型的例子不少。

　　例如公益项目"梵呗心灵音乐会——为公益造血"。这个公益活动是由四位在校大学生发起的，他们发挥各自的音乐才能在各地举办音乐会，通过这种方式募集资金支持贫困偏远山区的教育事业。在此次的活动中，大学生得到了锻炼，爱心得到了传递，捐助者享受到了美妙的音乐和帮助别人的快乐，受捐助者得到了帮助，这些使公益活动达到了预定目的。

以往的捐助方式逐渐被新兴的捐助方式取代，新的捐助方式符合当代人的需求——在帮助他人的同时，自己也能够收获很多。

公益众筹的机制

正在中国兴起的公益众筹，引用先进的互联网技术，完全可以使其募资及花费账本完全透明化，并使所有捐款人都变为公益项目的监督者，这无疑可以增加获得捐款的机会。

不管公益事业的发展模式如何创新，公益的根本仍然是人，需要通过人的作用来解决当前公益众筹遇到的问题。通过相关资料显示，有近百分之八十的网民认为众筹项目的监督不到位，机构内部的透明度也不够高，公众对于资金使用明细等仍非常敏感。所以，公益众筹的监督要格外严格，要加大力度，只有赢得公众的信任，才能够得到更好的发展。

开展公益项目时，首先要做到透明公开，提供资金使用明细查询，接受捐助人和公众的集体监督。这种形式的监督一旦形成很容易增加公众对公益众筹的信任度。信任的建立，能够逐渐改变国人对于当前慈善公益的印象，使更多人能够接纳公益项目并积极参与进来，受惠的不只是整个公益行业，还有被公益机构、公益组织等服务的众多的人以及社会环境。

国内和国外慈善政策、民间捐赠环境不同，但慈善机构的目的都是一样。为了更好地服务于公众，国内的慈善体制进行市场化是十分有必要的。它既是未来发展的趋势，也是公众需求的走向。改革要想顺利实现还需慈善机构积极改变观念，监管部门也要为市场化发展提供空间。

公益众筹的主要目的就是通过各种形式的活动，使得捐助人与受助人都能获得自己想要的，即实现双赢。以往国内的公益活动，被多种条件束缚，很难发展，而且捐助人与受助人之间信息严重不对称。这种不透明的公益行为并不被公众接纳，很难筹集到善款。公益众筹能够轻松避免此类问题的出现，其高透明的运作，使关注公益的人都能够参与进来。正是有了捐助人的亲身参与，他们对于活动的意义也理解得更加深入，支持活动的力度也会加强。

公益众筹的发展在一定程度上反映了民众对于这种慈善行为的认可，也为国内慈善事业的发展指出一条新出路。在未来，公益众筹将会进一步扫清公众参与公益项目的障碍，让更多的热心人士参与到公益事业中来，让更多有困难的人得到及时的帮助。

延 伸 阅 读 ：

众筹《大圣归来》——影视众筹离我们有多远？

"你去看《大圣归来》了吗？"成了今夏最火的一句问候语。这个夏天，一个长脸猴的故事使我们记忆深刻，同样深刻的还有《大圣归来》所创造出来的国产动漫电影的奇迹。

这个奇迹所包含的标签众多：上映3天票房过亿，上映15天打破中国动画电影史上的票房纪录……"众人拾柴火焰高"，奇迹的背后是89个众筹人780万元众筹资金的投入，创造了本息至少超过3000万的回报。

那么，影视众筹能否成为普遍的理财方式"飞入寻常百姓家"，普通人的影视众筹梦靠谱吗？

影视众筹发展不一，《大圣归来》玩出"花样"

众筹在国内开始于2011年，主要分为债券众筹、股权众筹、回报众筹等几种方式。《大圣归来》属于众筹细分领域的一种——影视众筹。影视众筹近年来发展迅速，自发展起来受到了互联网公司、金融公司的极大关注。

作为影视众筹的成功模板，《大圣归来》不是先例更不是个例，但是其成功却极具代表性。在国外，2013年由众筹平台Kickstarter输送的电影《流浪追梦人》荣获第85届奥斯卡最佳纪录片奖。在国内，有粉丝众筹的电影《快乐男声》、《大鱼海棠》、《十万个冷笑话》……这些电影的众筹是成功的，都同时在短时间内筹得资金，但是在电影反响和票房方面却表现平平。另一部众筹的影片《黄金时代》"高开低走"，最终票房不足6000万，这也就意味着这部影片的众筹根本就谈不上收益。

《大圣归来》的众筹并没有在较为正式的众筹平台上推出，但是却真正意义地为大众投资者打开了大门。出品人在微信朋友圈发布了众筹的信息，众筹对象主要是对出品人较为熟悉的人群。天使汇创始人兰宁羽指出："参与《大圣归来》众筹的投资人主要有三类：金融圈的朋友、上市公司的朋友和电影圈的伙伴。是出品人靠自己发的朋友圈的个人号召力集结起来的投资，正是这些'朋友投资人'为《大圣归来》的前期宣传和首周票房贡献出了巨大力量。"

影视众筹风险大，回报低

借助《大圣归来》，影视众筹彻底风光了一把，但是风光归风光，投资者最关心的问题还是风险和收益。

影视众筹的收益模式大致可分为两种。一种为奖励众筹，属于普遍小额投资，一般多予以实物奖励，风险较低；另一种为与票房挂钩的金融收益模式，受票房影响，收益率波动较大。业界人士看来，《大圣归来》式的成功并不普遍，并不是所有的影视众筹项目都拥有这么高的回报率。目前共有9家平台涉及影视类众筹，既包括以京东众筹、众筹网为主的综合类众筹下的小众筹，又包括专做影视垂直细分的淘梦网等。但近半数平台影视发布项目为个位数，平均成功率在六成左右，国内的第一批影视众筹网站目前项目的成功率只有四成。

以众筹平台"百发有戏"为例。百发有戏定位众筹消费加金融，门槛最低为10元人民币，最高为1万元，投资者可获得电影票等权益并可以获得8%到16%的现金收益。百度百发首期推出的项目是《黄金时代》，收益则根据票房的情况具体设定。从票房低于2亿开始到票房超过6个亿，每增加1亿票房对应一个档次的收益；低于2亿收益率为8%，每增加1亿收益率提高1个百分点；若票房超过6亿，收益率为16%。结果票房出现"滑铁卢"，金融投资全无收益。

目前，我国大部分影视众筹平台运营平平，一般而言不保障收益，投资者还需要警惕风险突然降临。电影不同于其他投资，其故事的优劣、艺术性的高低、制作水准的好坏会影响票房，但都只是"冰山一角"，近几年来票房的高低变得越来越不可"琢磨"。普通投资人对电影从拍摄到发行各个环节的运作模式了解有限，所以很难对投资"标的物"有准确的判断。投资者靠自己的常识无法对此预估，就不用奢望筹资方可以提供出清晰的回报模式和可估风险模式。一旦电影票房呈亏损状态，影迷们众筹投资的资金也会根据亏损比例相应缩水。

总体而言，影视众筹风险较高，成功比例较低。一方面影视剧投资不确定性较强，受到档期、同期上映电影、市场偏好等多方面因素综合影响；另一方面，影视众筹发展时间较短，相关运作体制尚未完善，存在一定技术风险、信用风险和管理风险。聚募创始人邵锟认为："好片子一般主创团队本身就很有号召力，无论是对于投资人还是影迷都很有吸引力，所以一般不会用众筹的方式来筹钱和推广。而需要通过众筹来筹钱和做推广的项目，说明主创团队本身缺少成功案例和号召力，项目失败的概率也就很大。"

如何投资影视？

虽然《大圣归来》的成功对于影视众筹而言还不具备明显的说服力，但是影视众筹方兴未艾，所以投资者如果看好众筹网站上正在筹资的某部影片，不妨来一把"投资"，体会一下"美丽的画面"。

首先要选择一个比较合理的渠道接触项目，同时考虑的因素包括平台的稳固性、资金的安全性，以及平台的长期运行保障机制等。可以选择专门做影视众筹的平台，也可以选择综合性众筹平台，依靠"互联网大佬"，具有一定的保障。其次是选择好的项目。选好项目后就可以投资了。普通投资者都为非专业投资人，在不好确定的情况下，可以选择跟投。对于投资者而言，影视众筹最为关键的步骤是控制风险，所以投资者在投资项目前一定要了解项目的技术、价值、风险、法律保障有多大。完善的保障体系是影视众筹的"救命稻草"。

以某金融众筹平台为例，打开网站页面映入眼帘的是网站提供的四项保障，紧随其后的是一些正在筹资的影视项目。每个影视项目下都有起投资金、预期最高年收益、回报周期等最值得投资者关注的说明。另外投资者可以在投资指南页面中了解到项目的资金用途、投资收益、投资风险。除此之外，各个项目的详细介绍也会令投资者对项目的整体运营有所了解。投资者可以根据自己喜好选择项目进行投资。

"众筹有风险，投入需谨慎"。目前而言，影视众筹领域存在的未知还是大于明确，影视众筹作为理财方式走入寻常百姓家"路途漫漫"，投资者想要分"一杯羹"需要备足功课。

第六章

误区与生机并存

——"浮夸"下的众筹

小微众筹的典型案例分析

众筹是互联网金融时代新兴的投融资模式，也是极具想象力和创造力的创业模式。众筹募集资金效率很高，一时间众筹项目遍地开花。但是任何事情都有其两面性，众筹咖啡馆也面临着诸多成长的烦恼。

现代众筹是互联网金融时代的新型投融资模式，具有门槛低、重创意的特点，对于支持创业创新作用突出，被称为"贩卖梦想的生意模式"。众筹模式颠覆了传统创业模式，激发了年轻人的创业情怀，众多众筹项目纷纷涌现，中国首家女性众筹咖啡馆Her Coffee就是一个样本。

2013年8月，66位美女股东每人投资2万元，共筹集132万元创立了这家被称为"史上最多美女股东"的咖啡馆。66个人来自世界各地，大多具有国内外名校背景，从事各行各业：投行、基金、互联网、传媒、航空等。创业之初只是八九个人凑在一起想开个咖啡馆，因为钱不够，于是又各自通过微博、微信拉来其他人。66位美女股东推出梦想计划和梦想手册的概念，并将此理念作为Her Coffee的共同愿景。她们立志帮助更多需要梦想支持的朋友，通过征集社会各界资源，共同实现和传递他们的梦想。

于是，采用众筹模式的、全国首家以全美女军团为代表的Her Coffee，在试营业之初就被评为"北京最性感八大处"之一，诠释了"性感"新高度——有梦的美女最性感，咖啡馆也迅速在投资界和商界引起热烈关注。只是好景不长，过去一年，像Her Coffee这样的众筹咖啡馆一时遍地开花，但后续经营管理都遭遇成长的烦恼，甚至倒闭也并非个案。

从Her Coffee案例的前世今生乃至其濒临倒闭，可以看出众筹咖啡馆仍有诸多痛点，特别是在选人、募资、经营、管理等方面问题最为突出。

选人不严，架构不清

众筹是一种碎片化的股权投资，众筹项目并不只是筹集资金，更重要的是筹人、筹智、筹资源，严格挑选联盟者至关重要。可以说，选人越严格，成功机率就越大。

股东多元化配置。根据经营需要审慎考虑股东配置，包括经验、资源、能力、人品等，另外，最好熟人推荐，这样遇到棘手问题时会有人解决，也能避免一些隐性风险。比如，在众筹咖啡馆股东中应有相关创业或管理经验的人、懂财务的人等。Her Coffee最初由八、九个人发起，之后各自通过微博、微信拉来更多投资人。这66个人，大部分未曾谋面甚至互不相识，只知道各自微信昵称。对合作伙伴不加筛选，给钱就行，为失败埋下伏笔。

股东架构设计不清。Her Coffee起源于66个女人的浪漫梦想，但是股东众多也意味高沟通成本，如果出钱的、干活的一齐上阵，就会出现多头管理或管理空白。创新管理方式，设立核心股东或成立"班委会"的形式，管理与经营团队各司其责，才能提升企业效率。

缺乏专业的管理团队。Her Coffee的股东将问题归结于"决策上没问题，缺少落地的人"，66个创业者都不是精于此道的管理者，都有自己的日常工作，尤其是对咖啡行业不熟悉。咖啡馆日常事务琐碎，包括定位、选址、装修风格、咖啡豆选料、咖啡烘焙技术、配餐的选择制作等，需要专人打理。因此，聘请专业运营团队，让不懂管理的人退居投资者、消费者和传播者的位置，才能提升市场运营效果。

经营不善，管理混乱

创业理想很美，但是不按市场经济规律办事，缺乏清晰的运营模式和对未来的规划，后续的亏损和倒闭也就在预料之中。

定位偏差。作为商业咖啡馆，核心功能、核心人群是关键。Her Coffee以女性咖啡馆为定位，在设计上注重小资情调，灯光、音乐、书架、美女股东照片，文艺气息爆棚，非常契合女性浪漫情怀。但对于CBD商务人士来说，离办公室较近、便于商谈公务或自我放松的氛围更适合，与Her Coffee的定位有偏差。

组织决策混乱。由于没有采取设立核心股东或成立"班委会"的形式，而是规定所有决策都需要召开股东大会，直接导致决策成本太高。在召开股东大会时，经常遇到一个人不同意就反复开会投票的问题，而且核心决策圈一直变化，导致很多决策一拖再拖。Her Coffee名义上有66位股东，这些海归"白富美"都有繁忙的本职工作，无暇打理咖啡馆，投资基本是圆梦基金或玩票性质的消费。即使周末偶尔过来也是带朋友前来"猎奇"，很少能真正对咖啡店的经营有所帮助。

非市场化经营。Her Coffee的参与者多是心存股东情怀，却缺乏对作为一个老板的理性认知，难以接收市场检验。股东们按照感性认知去做，而不是通过数据分析理性谋划，再加上风格各异的原因，在经营管理中出现各种困难。比如对于经营种类、原材料管理、毛利率核定、损耗监控都没有逻辑。一位股东曾对媒体表示，Her Coffee的困境一方面是租金太高，店面没有烟道，不能做饭提供简餐，局限了咖啡馆的发展。当然，休闲娱乐场所太多，只卖咖啡回本很难，而不盈利就会出现资金短缺，导致门店无法运转，这些在前期就应有相应对策。

过度依赖圈层。众筹项目优势是可以迅速解决资金和资源问题，虽然众筹咖啡馆大多对圈子经济所带来的资源抱有很高期望，但实际经营还是要靠市场，懂经营比人脉更重要。Her Coffee咖啡馆头三个月销售额一直增长，但是之后美女股东们把自己的人脉资源消耗殆尽，潮流人士对史上最多美女股东的咖啡馆逐渐淡忘，回头客慢慢减少，毕竟去咖啡馆的顾客大多是为了品咖啡，而不是为了看美女。

募资太少，风险较高

众筹咖啡馆的老板更注重圈层运营。Her Coffee美女股东们看中的也不是咖啡馆本身能不能赚钱，而是希望让众筹模式运转起来，让这些天南海北的股东们聚集起来，围绕这个散发小资情调的咖啡馆，形成持续的人脉网络和各种信息资源。但是，对于大部分股东来说，还是希望能有投资回报，哪怕没回报能维持自我运营也行，再或者咖啡馆能带来其他隐性收益，如作为免费活动场地等。

资金链断裂是极大的经营风险，因此，有必要第一次众筹时就提高门槛，精于预算，备足资金，提高抗风险能力。Her Coffee原始资金只够初始投资费用，除去房租成本之外，装修、设备、日常开销都不是小数。

建立完善的运营监督管理机制

中国式众筹的出路在于建立现代公司治理机制，明确的公司治理机构，实现所有权和经营权分离。众筹造就了大批小微股东或投资人，没有大股东的存在，导致了所有权分散，进一步导致了经营权、决策权的分散，带给项目很大风险。

Her Coffee没有一个完善的公司治理结构，股东分散，股权不集中，没有董事会，没有明确的决策经营机制，"一人一句"导致了经营决策混乱，效率低下。Her Coffee的美女股东们也没有所有权和经营权分离的意识，没有聘请职业经理人进行经营管理的计划，筹集到了资金却仍是依靠人脉经营。

通过完善的决策机制、监督机制和激励机制，使企业的所有者和经营者之间形成一种动态制衡的关系，既利于保护股东和利益相关者的利益，也通过对受委托的职业经理人的有效监督和激励，给予他们足够的经营空间，提升了企业的竞争力。

成熟的企业也需要完善的经营监督机制，让所有者放心放权，让经营者依规经营，这对于提高企业管理水平，维护股东的所有者权益，提升企业的盈利能力都具有重要意义。

Her Coffee的监督管理问题体现在几方面，一是筹资时大量陌生投资通过互联网集中，互不相识的小微型股东空间上的分散性和广泛性，使筹到的资金难以进行有效监督；二是某些众筹咖啡馆的平权架构使各股东相互之间没有制约，不仅带来了高昂的沟通成本，而且对于股东大会产生的高额成本管理费用的监督带来难题；三是由于没有采用现代企业的管理方式，无法对咖啡馆的营业状况、财务收支情况、纳税情况和市场营销等工作进行有效的监督管理。

因此，建立完善的运营监督管理机制就显得尤为重要。一是要完善资金链的管理监督，提高资金的利用效率，确保众筹来的资金都能够运用到项目的运作上去。二是完善运营监督机制，这包括对企业的发展战略，人力资源以及生产、市场营销等运营状况的监督，提高决策效率和运营效率。三是完善财务监督机制，对资金筹集、运用进行控制和监督，积极防范和规避风险。

市场化的企业运营制度

不按经济规律和市场需求进行管理和运营，最终导致Her Coffee经营不佳甚至亏损。这和咖啡馆股东的初衷有直接关系，她们看重的是咖啡馆本身所散发的小资情调和天然的交流平台，卖的是情环，少数投资者更是为了满足公益和文化需求，营利不是她们的最终目的。

但是不盈利并不等于不亏损，当咖啡馆收支不平衡，并且经营资金缺口越来越大时，所谓"公益"也就成为一句空话。最终，理想化的经营模式难以为继，无法在激烈的市场竞争中生存下去。

因此，众筹咖啡馆应采取市场化的企业运营机制，建立完善的股本结构和产权结构，形成科学规范的决策运营机制。一是建立良好的企业运行机制，可以按照现代企业制度的要求，建立秘书处、执委会、监事会、职业经理人团队等，完善企业的组织管理机构；二是加强众筹企业内部财务控制制度，提高项目运作的预算、评价的科学性，注重生产经营过程中的成本控制和质量控制，使企业资产能够保值和增值；三是完善众筹企业的动力、约束和调控机制，提高凝聚力、向心力，约束不正当行为，提高企业行为的合理化、科学化水平。最终达到提高企业的抗风险能力，降低企业经营风险，达到盈利目的。

房地产众筹，看上去很美

众筹以惊人的速度席卷房地产行业。这种商业模式既降低了地产商的营销成本、解决了其融资困难，又满足了房地产投资者的投资需求，带来了多方共赢的效果，但其中涉及的法律问题也亟待明晰。

目前，众筹的概念在地产领域可谓遍地开花，然而，其中不乏有很多打着众筹的概念幌子，行营销去库存之事。从本质上看，这也并不是什么坏事，毕竟开发商赚进了噱头，精准定位了购房者，购房者也可以享受到实实在在的优惠，尽管能够真正享受到这种优惠的购房者可能只是极少数。

看上去很美的房地产众筹

单从纯粹的互联网+房地产+金融的角度来看，国内的房产众筹市场也是频频亮剑。绿地、万达、万科、远洋已相继公布了众筹战略。中国房地产众筹联盟在上海成立,碧桂园、宝龙地产、大华集团、金地集团、绿地集团、绿城集团、融创、世贸房地产、万科、万通控股、中国平安组成了无论从影响力还是综合实力来看,都可称为巨无霸的联盟组织。可以预见,房地产众筹接下来在国内将会有一番大动作。

碧桂园则是这即将到来的诸多动作的领头羊。中国房地产众筹联盟成立当天,就宣布了将碧桂园上海嘉定项目作为首个众筹开发项目。由碧桂园提供产品,中国平安的平安好房提供平台。碧桂园联席总裁兼执行董事朱荣斌介绍,认购项目众筹金融产品者,不但可以参与到项目开发的全过程,还可以获得份额转让、优惠购房和项目分红等多重收益。

而在这之后不久,一直往轻资产转型的万达也高调推出了霸气外漏的"稳赚1号",且反响不凡,在6月12日正式上线当天,便在1小时内售罄。公开资料显示,"稳赚1号"以万达广场作为基础资产,募集资金将全部投资于2015年新开工且在2016年开业的只租不售的国内二、三线城市商业广场项目。但万达有权根据筹集情况调整基础资产。

"稳赚1号"在基础资产全部投入营运之前,由众筹发起人以资产管理方式进行资金运作,并将产生的收益作为对投资人的回报,在全部投入营运后,由这些万达广场的项目收入来保障盈利。

根据产品说明书,"稳赚1号"的预期合计年化收益率为12%起,包括两部分:一部分是租金收益,预期年化收益率6%,在每年收益派发日(7月15日)发放;另一部分为物业增值收益,预期年化收益6%,将在退出时一次性发放。

对于看上去很美的房地产众筹,真的像筹资方所描绘的那样美好吗?

对于万达推出的众筹产品,就有分析人士称,尽管叫做稳赚1号,但这个项目注明了并不保本付息,这意味着大众作为LP(有限合伙人)

冒着亏掉本金的风险，有可能有6%的利息。而这不仅仅是稳赚1号的问题，对于每一个众筹项目，风险都是客观存在的。尤其是股权性质的众筹，风险更是不容回避的问题。据悉，从2013年年末开始，众筹平台跑路的新闻就频频见诸报端，这一问题愈演愈烈，到2014年12月，一个月之内有93家平台出现问题，数量超过之前数月的总和。可见，随着股权众筹模式大张旗鼓地推进，风险和隐患也在迅速集聚和暴露。

2014年，各类城市房地产市场成交量均出现了不同程度的下滑，市场总体上呈现出低迷的态势。市场价格居高、供远大于求使得房企加大去库存化和调控逐步去行政化成为楼市正出现的两大趋势。在逆市之下，众筹为房产销售开创了全新的模式，尤其在互联网时代，消费群体年轻化和消费方式多样化使得楼盘的线上销售更容易引发争相追捧，一旦能够获得购房者的充分参与，资金必能得以快速回笼。

众筹模式对于地产商来说，最大的好处是可以借"众筹"这种新概念或者是互联网平台的便捷性吸引来自社会各界人士的广泛关注，尤其是在互联网平台的用户注册和登录的过程中，会产生海量的用户数据，通过对各类数据进行抓取和分析，地产商能够精确定位，投放房源信息给有实在需求的买房人，实现有针对性的营销。这也是地产商联手互联网众筹平台的一个非常重要的原因。另外，互联网平台在未来还有可能承担起虚拟售楼处的角色，将线下的展示厅搬到线上来，对开发商来说也节约了营销成本，甚至省去了一大部分的广告成本，可以实现营销高效率和低成本的兼顾。

众筹模式最大的特点即为资金的小额、分散。而房地产行业向来以大资金需求为导向，使众多对房地产投资感兴趣的中小投资者望而却步。随着近年来大众投资需求的多元化，房产众筹能够较好地解决这一问题，使房地产投资化整为零，使小额、分散的资金投向房地产开发建设成为可能。

那些年，大佬们玩过的噱头

房地产众筹是典型的舶来品，国内地产商把他们玩出了花样，加了各种噱头之后，甚至有地产商打出众筹产品40%甚至50%超高收益。

先看一个典型的项目。地产商拿出一套房源作为众筹项目，假设该房源市价为100万元，众筹目标金额为50万元，相当于市价的5折。达到筹资金额后，开发商将这套房子拿到网上拍卖，所有众筹参与者均能参与拍卖，5折起拍。出价最高的投资者将获得该套房源，最终成交金额与众筹金额的差价部分，将分配给其他众筹投资人。假设这套房源最终以70万拍卖成功，那么，20万将作为投资收益分配给其他投资人。以每筹金额1000元算，共计500筹，每筹获利400元，收益率高达40%。

通常，开发商的宣传口径是诸如"不论是否买房都获利，预期年化收益率不低于40%"，颇有吸引力。然而，这类高收益产品本身不是一个长期理财产品，其收益不可持续。另外，此类产品的高收益只是预期收益，高收益能否达到，取决于开发商能否推出价格优惠房源，同时也取决于拍卖价。

这类型的房地产众筹就是一场炒作。开发商专门拿出一套低价房，把与市场价的差价所得直接分给若干个参与者，然后对外进行放大宣传，以取得推广的效果，回过头来对其他房源销售产生作用，和众筹没有一点关系。

另一类较吸引人的噱头是标榜十几元众筹买房。去年"双十一"远洋地产在京东金融平台上推出的11元获得1.1折购房的抽取资格项目，当下也有不少开发商打出"15元凑份子买房"的众筹。这类众筹完成是营销驱动，参与的投资人能买到房子的概率犹如中彩票一般。去年"双十一"，远洋地产某房产"众筹"项目在京东金融上线，24小时内吸引接近18万人参与，总金额超过1200万元。而该众筹项目仅含11套房源，以18万人计算，抽中概率不到万分之一。

产品设计大不同

在房地产众筹的同一个概念下，衍生出不同的产品，由于产品设计不同，风险和收益也各不相同。

"稳赚1号"设计了万达集团回购的条款，因此是一款类似保底收益的产品，但这款产品最大的硬伤是期限较长。

一家财富管理机构的CEO指出，互联网用户"小白"对时间很敏感，他们要考虑买房结婚养孩子，剩的钱不够炒股，要么投资流动性高的余额宝，收益低但方便，要么投资权益产品，因为它具有想象空间。期限较长的固定收益产品，要有特别打动他们的地方，比如每3个月就安排有平台做市转让。对此，万达方面的应对是，3个月后将该产品放在快钱平台上转让，以解决产品的流动性问题。

其他多数众筹产品并不承诺保底收益。武汉绿地606第一期产品持有期限不得超过18个月，时间虽不长，但期限内并没有退出机制，且不承诺保本保息，作为一款浮动收益产品，风险较人。对于如何保证众筹的收益，武汉绿地方面的说法是，一方面依靠武汉绿地项目组给予这个众筹计划的价格折扣，一方面在于远期这个楼盘会产生的增值溢价。

另一种众筹方式众筹建房也存在一定的风险。以碧桂园上海嘉定众筹项目为例，在整个周期约18个月内，不保证收益。也许是说，到楼盘建成销售时，每1平方米的价格可能低于众筹价格，这部分风险由众筹投资人承担。

中欧创业营：微信+众筹的热议

2014年1月19日，黄太吉创始人郝畅率先在微信朋友圈发表了题为《就用互联网思维大闹中欧》的文章，随后，90后辣女马佳佳、91助手开发者熊俊、易淘食张洋、雕爷牛腩孟醒等先锋创业者们亦纷纷发文，为自己上中欧创业营集资募款。

2014年2月10日凌晨，有米传媒陈第仅用短短三小时就成功募款11.8万，彻底引爆移动创业圈、手游圈对中欧创业营的关注，也引发了产业界对"微信众筹"的热议。

翻回这些文章，其内容或诚恳、或幽默、或激情、或理性，但殊途同归地指向一个目的：筹够11.8万元的中欧学费！而有意思的是，要参加中欧课程的这些学员并非没钱交学费，恰恰相反，他们大多都是时下中国身家最丰厚的先锋创业者。

原来，"以互联网思维上学"是中欧创业营创始人李善友教授（酷6网创始人）为学员进入中欧创业营而设下的第一道考验。

众筹大潮风靡全球

国内创业者接触"众筹"概念的时间还不长，这个词被人津津乐道，似乎只是近一两年的事情。而在国外，Kickstarter、Indiegogo等众筹网站早已玩得风声水起，说众筹是一种"潮流"，一点也不为过。

众所周知，在中国，谈及创业启动、资金紧缺，人们的第一反应是找老爸、找投资方、找银行……但在欧美发达国家，说到创业启动、资金紧缺，创业者会在第一时间登陆众筹网站。

两者相较，中国创业项目融资失败率高、起步时间长的必然性，已经可想而知。而这一现象,不仅反映出东西方创业观念的差异,也显现出资本市场对创新、创业的包容性区别。

实际上,无论是从发起者还是投资者的角度去考量,众筹机制都是一个比传统风险投资效率更高的方式。投资人能在最短时间内获得资本升值,而发起者可以用最灵活的方式应对资金流瓶颈。在法律准许的前提下,这种创新方式,更有利于促进"零启动资金"项目的首次创业。

2014年年初,由中欧创业营李善友教授一手策划的跨界连锁众筹案例,让人们对众筹在中国的发展期待有加。而产业人士指出:一旦普遍大众逐渐认同这种投资手段,国内创业环境将得到极大改善。

想象这样的场景:某天,你想开个小公司,于是把创业计划书往网上一放,短短几天,不仅资金凑齐了,连合伙人、员工都顺便招募到位了……想想都令人兴奋吧?可以预见,众筹风潮的流行,将对整个创业圈及资本市场带来巨大的冲击。

微信:天生的众筹平台

众所周知,微信从规划之初,就是一款基于个人社交网络、以私密圈子为导向的社交产品。它研究最透的一个词,就是"关系"。

由于具备较高的保密性和社交圈子的稳定性、精确性,用户们置身于无数个"强归属感"的小圈子里。可能很多人都有这样的经历:有些时候,在我们都不知道自己和某人有共同爱好、共同社交关系的时候,微信却早已将二者归为同类,并向彼此发出邀请了,这是一件很恐怖的事情——产品比你自己更了解你。

而这种对"圈子"的准确把握,恰恰是"微信"适合众筹平台的核心竞争力。

产业分析人士指出,在微信之前,中国已经有几个小有名气的众筹平台,如点名时间、众筹网、追梦网等等。

但人们必须面对的事实是：中国的众筹创业者、极客们对平台并不了解，首先从运营层面看，平台推广有问题；其次，网站上五花八门的众筹信息，令人看得眼花缭乱，却找不到自己真正感兴趣的选项，这是产品规划和业务拓展的问题；此外，还有监管机制问题，如发起人信息、项目真实性难以跟踪等等。

因此，撇开创业环境不谈，国内众筹网站本身存在诸多的不完善——从社会、到企业、到个人，环环都掉链子，发展如何能不慢？

而将目光转向微信打造的私密圈子，人们会发现：朋友圈里刷出的，都是熟人的动态，自己的个人动态也只有熟人可以查看，这令网络水军的数量降到了最低。

换言之，人与人之间的信任度、兴趣匹配度、圈子契合度达到了最高。而这几点，无一不是众筹最关注的要素：行亚相关性、兴趣的一致性、信息的真实性、项目的可跟踪性。

更逆天的是，随着微信支付的上线，其功能版块"新年红包"、"AA收款"等，为筹资汇款提供了最为便捷的媒介支撑。

想象这样一个场景：你年少时暗恋的小学同学，在微信朋友圈中发消息说准备辞职开公司，缺个几万块要众募。她把需求分成了一百份，每一份还倍儿便宜，横竖不过几百块，那么基于对老同学的情谊、衡量过金额高低且在支付方式如此便捷的条件下，你多半会给她包个"微信红包"吧？

艰难转型——如何规避众筹误区

任何创业都需要资金支持。如何获得启动资金也需要做出选择：寻找合适的投资者、引导者，或者利用群众的力量来推动创业的进行。

显然我们更加偏爱后者；我们不仅能够获得足够的投资来承担初始阶段生产运行所产生的费用，而且还能对实际客户群体进行深入的了解。

我们必须要关注我们所能为潜在客户提供的价值。这符合我们预想中的"高效"模型——我们不仅是在筹集资金，也是在试水。我们为市场调查倾尽全力，努力使市场信息与环境相符合，并录制相关视频。我们已经准备好通过群众的力量让我们的理想成为现实。

然而在现实中，众筹显然也为我们敲响了警钟。让我们来看一看那些艰难转型的众筹网站。

点名时间：从众筹梦想到智能硬件的预售电商

点名时间一开始是一个众筹网站，在这个平台上支持者都会有所回报，这也是众筹模式得以运转的一大基础，但在2周年之际，点名时间宣布免去了佣金收费的商业模式，以希望能在短期内聚集更多的项目资源和优质用户的资源。

而在经过不断的尝试中，点名时间逐渐将注意力放在了智能硬件项目这一领域，并进而逐渐演变成了一个平台。2014年8月，点名时间宣布将转型为"智能新品限时预售平台"，将在专注做智能硬件首发模式的同时，成为一家智能硬件的预售电商，用限时预购模式打开toB和toC市场。从toB来讲，点名时间向智能硬件的生产厂家，推荐首发的模式，点名时间累计拥有国内外1000多家渠道，还有点名时间500万名用户；从toC上来说，点名时间旧有的回报型众筹将被预售取代，淘汰众筹模式的原因是没有办法从字义上了解消费者是来投资，参与，还是预购。在点名时间预售期间，让渠道商家获得3～5折的市场价，让早期用户用5～7折抢先体验口碑扩散。

在点名时间创始人张佑看来，"众筹模式下，你根本说不清楚你到底是媒体还是什么角色，是站在消费者还是站在创业项目一方，而Kickstarer上聚集着一群理想主义者，他们对改变社会有伟大憧憬，在购买时感性因素超越了理性。但是国内用户就不一样了，他们更加理性，希望拿到的东西是靠谱的，希望可以马上拿到。因此这批用户的心态很大程度上决定了项目成功的可能性。"

乐童音乐：经营情怀的在线音乐经纪人

乐童音乐是一家音乐领域的众筹网站。乐童的初衷是希望它能同时满足像Peter Brotzmann北京行这种现场活动以及独立音乐人对筹资的需求，所以设计了更灵活的筹资模式。其中"普通模式"即我们熟知的Kickstarter模式；而在"预售模式"中，无论在设定时间内是否完成筹资目标，项目发起者都将获得所筹集到的资金，也需要提供承诺的相应回报给支持者。

一次偶然的尝试，一个黑胶唱机的众筹项目在乐童平台上大获成功。在这之后，很多做音乐相关的硬件产品众筹项目纷纷找上门来，这类项目在乐童平台的推荐里也相应多了起来。在重点项目的筛选上，乐童音乐主要看两点：一是艺人本身的影响力，二是项目本身的创意。乐童音乐合伙人相征表示："众筹是直接跟消费者产生关系的，要让它变得很有趣味性、很好玩，除了艺人本身的影响力外，总要触及某些情绪。而音乐众筹说白了也是粉丝经济，从头到尾人更重要。"

很多音乐人不懂得怎样营销，甚至连电脑技术都不太了解，而且他们也没有渠道去接触周边的资源，想把自己的项目推广开来也不容易。乐童希望搭建的不仅仅是一个筹集资金的平台，还希望能为项目发起者提供除筹资以外的更多音乐资源整合。这不仅仅是资金层面上的，更是围绕音乐服务做深层次的资源整合，包括演出、周边产品、线上线下的专辑营销等一系列的解决方案。乐童目前的主要盈利来自于服务费，金额则按照发起项目筹集所得款项的10%来收取。

乐童在创立后的一年里，迎来了不错的增长，注册用户从几千增长到近5万，但音乐众筹的小众却决定了这个市场的容量。而独立音乐人对服务的需求却越来越大。基于这样的背景，乐童决定开始转型。以众筹切入了音乐这个垂直领域，通过线上的方式帮音乐人解决传统经纪人最核心的、关系到音乐人收入的几项工作，成为在线的音乐经纪人。而音乐众筹基本宣布失败。

梦800：众筹导航的互联网金融平台路

梦800初期是希望能够给用户提供一个聚合多家众筹项目的平台，让用户可以一览无余地看到各大众筹网站的项目信息。众筹网站每一个都有自己所擅长的领域，比如众筹网属于综合性众筹平台，点名时间则侧重于在科技领域的创业，市场上还没有一个统一的平台，能让用户更全面地看到所有的众筹项目。

众筹模式对应的无论是商品和内容类回报，还是进阶的股权类收益回报，与P2P对应的债权收益回报，可以很好地成为一个立体的投资组合，让投资用户群体做不同类型和不同风险等级的投资资产配置，从而在风险相对可控的情况下，达到收益最大化。基于众筹与P2P的巨大合作空间，梦800上线了一个P2P频道。

随着在P2P领域的深耕，梦800正式更名为网贷精选，转型互联网金融导航平台，并已实现与多家P2P平台同步的项目发布系统，但其与众筹无疑已经越走越远。

摩点众筹：游戏练兵的发行前市场验证梦

摩点众筹开始聚焦在游戏领域，其特点在于突破传统众筹融资模式，提出了分期众筹。一方面让项目发起者可以根据市场反馈，灵活设置不同阶段的融资目标，从而提升融资成功率；另一方面也可灵活设置不同阶段的回报内容，调整融资策略。对于用户而言，不仅可了解项目总体融资情况，还能清晰把握每个阶段融资情况，从而更理性做出投资决策。

在游戏行业，创业者不只缺钱，有时还会很迷茫。产品开发到一定阶段，对于产品的最终形态，他自己都有点不敢确定。用12个月做一个游戏，在这一过程中，市场变化非常大，之前设计的东西，用户还会不会喜欢，他们心里没底。当年产品立项对不对，他们心里也没底。上线后数据能跑成什么样，不知道。

手游一直没有解决发行前的市场验证问题，大量的游戏被盲目开发出来，投入市场，最后失败的产品很多，造成了巨大的资源浪费。摩点众筹希望提供除了筹钱功能，还为游戏提供一个练兵场，使得创业者需要的——部分资金，测试市场，第三方渠道合作，在投资人面前曝光这四方面都能满足。

虽然游戏众筹在国外已经是非常成熟的模式，但在国内还是刚刚兴起，国内做游戏众筹相比国外有诸多掣肘。在国内做游戏众筹还有一个致命的痛点，它就是目前国内消费者大多热衷于购买大批量生产的产品，对小团体做出来的个性化产品热情还不够。同时，消费者对还没有成型的产品购买也比较谨慎。摩点众筹的流量的用户量级一定程度上也很难支撑市场验证，现在的摩点众筹已逐步扩散至游戏周边衍生物如动漫、电影、玩偶联赛等产业链的项目，游戏众筹的故事可以说一定程度上无法再继续讲下去。

从这些公司的转型中，我们可以学到一些事情，规避众筹的几个误区。

误区1："众筹平台能够为项目提供群支持"

你首先需要认识到的事实就是你需要自己把群众带来支持你的项目。所有那些我们交谈过的经验老到的项目策划者都告诉了我同一件事：与其说众筹是在揽集新的客户，不如说是在激活已经存在的客户群体。

许多项目都成功地激活了已经存在的客户群，比如一个圣经应用软件，一个网站的重新设计和一个电影。如果你曾在Kickstarter做过项目，那么就请为成功的"2.0版本"做好准备：HiddenRadio 2和The BIG Turtle Shell在之前的竞选中激活了客户群体。在众筹中，客户群体完胜产品本身。

实际上，由于你的产品类型和市场不同，你会将自己的目标市场限制为那些对于众筹有所了解（或者只是有点了解）的人，而这也许并不会对你产生巨大限制。那么我们来做个试验：随机进行一次Kickstarter项目，然后查看一下支持者的名单，看看在"老顾客"中有多少是第一时间来支持你的。看看你都发现了什么。

误区2："参加Kickstarter项目能让你与众不同"

众筹现下十分流行。这对于扩大潜在客户群体颇具益处，而且还能吸引更多项目来参与这股"众筹淘金热"。到目前为止，已经有14.7万个项目在Kickstarter上线，你认为要想吸引眼前真是变得越来越难了。对于任何Kickstarter项目而言，让人们看到你的项目才是最重要的。

然而，由于一些大型博客撰写过一些有关众筹业疲软和恐惧诈骗的文章，现在获得媒体关注已经变得愈发艰难。几年之前，记者还愿意写出你的故事，而现在大多数记者更想在写你之前就拿到范本原型。

误区3："众筹只是一笔小额预算"

当你还在认为众筹是一个能在一分钟内迅速筹集到一百万美元的

理想平台时，现实却是许多大型众筹项目成功的背后也花费了巨额的资金。他们雇佣专业的摄影师，顶尖PR公司，豪掷上千美金制作网上广告，而其中一些人甚至已经从投资者手中募集到了上百万美元资金。所以那些在初始调研阶段建立原型的开销之大就更不用说了。当然，也有例外，有些人分文未出也获得了巨大的成功，但是这简直比中彩票还要困难。

建议

因此，在你启动众筹征程之前，我们希望以下几个建议能够帮助你规避以上风险，护你不受嘈杂干扰：

首先，确认你的目标市场、客户以及客户群体的交集能够在你的目标数量中占有绝大多数；如果你的大多数客户完全不知道众筹或众筹平台为何物，你就不好办了。

其次，当你确定客户交集足够庞大以后，就去为你的产品的早期使用者创造一个对于他们来说感召力极强的口号。他们想变得与众不同，成为市场中的另类人物，以及走在前沿的创新者：他们想要成为合作者，而不仅仅只是客户而已。

请这样对待他们：和他们近距离接触，询问他们将会如何使用你的产品，倾听他们的建议和想法，这些反馈可能就是你的无价之宝。

现在，在项目之前开始你自己的项目吧。那就是在真正上线之前预热产品！在理想的情况下，你应该能在项目开始首日赢得所预期的30%至40%的支持者。举个例子，Kittyo在项目开始的45分钟内就达到了预期目标的100%，因为他们的预热工作进行得十分充分。这一切并非单凭运气，所以一切都要深思熟虑。

股权众筹的四大核心难点

"不然我们公司的融资也用众筹的方式吧,我觉得可以拿出一小部分试试。"一家互联网金融平台高管在一次闲谈中如是说。

这样曾经不敢想象的事情,自股权众筹出现后似乎越发司空见惯。而股权众筹也在"全民创业"的浓烈氛围中获得了高速发展,并带来了潜力项目缩短曝光时间和成长时间的利好。不过,股权众筹目前并未壮大,为什么?

优质项目少,估值定价难,建立信任久,退出周期长。这不仅是股权众筹的四大核心难点,也将成为众多股权众筹平台从竞争中胜出的关键。

值得注意的是,相对于股权众筹的蓬勃发展,相关法律规范处于滞后状态,这也使得这一创新金融模式面临权利义务模糊等诸多困扰。据悉,这一状况将逐步改善,未来股权众筹有望尽快走过粗放式生长阶段,步入健康发展轨道。

互金领域除P2P之外,股权众筹是解决融资难、融资慢的另一有效渠道,市场对此也有印证。目前,几家标杆的众筹平台,项目方基本是有限责任公司。有限责任公司由于其自身的封闭性,导致其融资手段十分有限,采取股权众筹方式,除了互联网金融常伴的资金池、非法集资等风险外,还隐藏着一些特殊的风险。

1.股东身份没有直接体现

对于委托持股模式,众筹股东的名字不会在工商登记里体现出来,只会显示实名股东的名字。尽管法律认可委托持股的合法性,但是还需要证明众筹股东有委托过实名股东。这种委托关系，是众筹股东和实名股东之间的内部约定。如果这种约定没有书面文件，或者其他证据证明，众筹公司和实名公司翻脸不认可众筹股东的身份了，众筹股东有口难辩，根本没法证明"我就是这个公司的股东"，或者"他名下的股份其实是我的"。

对于持股平台模式，众筹股东与众筹公司之间隔了一个持股平台，众筹公司股东名册里只有持股平台，没有众筹股东。因此，众筹股东与众筹公司之间的关系非常间接，身份也相对隐晦，对众筹公司几乎无法产生直接的影响。

很多公司的全员持股计划，实际上也是一种股权众筹。但有的全员持股公司，如华为，员工也仅持有一种所谓的"虚拟受限股"，可以获得一定比例的分红，以及虚拟股对应的公司净资产增值部分，但没有所有权、表决权，也不能转让和出售，股东身份更谈不上有所体现。

2.股东无法参与公司经营

在很多众筹项目中，众筹股东虽然是公司股东，但是几乎很难行使公司股东的权利，基本上都不太能亲自参加股东会、参与股东会表决和投票。

从众筹公司角度，如果每次股东会都有哗啦啦几十上百号人来参加，对协调和决策都会造成很大障碍。组织个有几十上百人都参加的股东会将会非常艰难；在股东会召集前，提前确定可供讨论的议题、哪些问题需要讨论，也会因为人多嘴杂，难以达成共识；好不容易组织起来股东会后，因为七嘴八舌众口难调，想要过半数通过任何表决都会困难重重。所以，众筹股东都参与决策，会严重削弱公司决策效率。现实操作中，很多筹咖啡馆都面临过因为"一人一句"决策权混乱而面临散伙的窘境。

但是，如果不尊重众筹股东的参与决策权，众筹股东的利益又很难得到保障。众筹公司收了股东的钱，不为公司办事，不好好经营，或者经营好了把公司资产挪为己有，这种做法也并不罕见。所以，不妨参照上市公司的做法，众筹股东，至少要保证自己对众筹公司的经营情况有知情权，众筹公司也应当有非常完善的信息披露、法律和审计等第三方监督的机制。同时，在必要的情况下，众筹股东也最好有提议乃至表决罢免众筹公司负责人的权利。

3.股东无法决定是否分红

众筹股东参与众筹，很多时候是看中众筹公司的盈利能力。为什么现在大家愿意参与众筹？房地产投资已经不吃香了，股市谁都不敢进去，理财产品收益率比储蓄高不了太多，P2P贷款也经常看到携款跑路的消息。而股权众筹，投资项目看得见、摸得着的，收益率也很可能更有保证。因此很多人愿意参与股权众筹，也非常期待公司分红。

可是，《公司法》并未规定公司有税后可分配利润就必须分红。利润分配方案要股东会表决通过了，才会根据这个方案向股东分配红利。如果股东会没有表决通过，或者股东会干脆就不审议这个议题，即使公司账上趴着大笔大笔的税后利润，众筹股东也只能眼馋着，拿不到。众筹公司完全可以以一句"税后利润要用于公司长期发展的再投资"，把众筹股东推到千里之外。如果法律没有规定强制分红，那么众筹股东只能自己保护自己，最好要在公司章程中约定强制分红条款，即如果有税后可分配利润，每年必须在指定的日期向众筹股东分配。

4.入股方式随意化

上面说了三个风险，还是在股权众筹操作相对规范情况下遇到的问题，至少还众筹公司、众筹发起人还跟众筹股东有协议、有协商。现实的股权众筹中，发起人与众筹股东存在或近或远的亲朋好友关系，操作起来常常会很不规范。

比如，有时候只是有朋友张罗说要股权众筹，项目没有看到、公司没有看到、文件没有看到，众筹的款项就打到了发起人个人的银行账号里了。这笔款，到底是什么性质，谁都说不清楚。在法律上，可以理解为实物众筹，发起人打算开发个智能硬件，大家给他的钱，不是获得他公司的股份，是预付给他的货款，到时候召集人给众筹股东一个产品就算是了事。也可以理解为借款，众筹投资人借钱给发起人，到时候发起人还钱、顶多加点利息，但是众筹投资人不是公司股东，公司估值再高、股权再值钱、再有多高的分红，也跟众筹投资人没有半毛钱的关系。

众筹股东在掏出钱之前，必须要先搞明白，给发起人的投资款，到底是获得什么，是股权吗？如果是股权，代持协议/入股协议签了吗？股东投票权怎么说的？分红有保障吗？这些东西都用法律文件明确下来了吗？只有规范化了，才稍微有点保障。

众筹成功以后的股权设计

众筹，很容易出现"人人有股份"等于"人人没股份"的现象，最终的结果可能是有好处的时候大家一块儿分享，没好处的时候大家各奔东西。

众筹的本质是股东让出一部分股份，通过股权来融资，那为什么叫众筹而不叫吸引投资人来融资，比如风投？众筹和风投还是有区别的，风投无论是表面还是实质都是通过转让股权来融资的，而众筹表面上看是转让股权，本质上却是通过转让一部分的分红权来融资，因为众筹的股东太小、太散，他们对表决权并不是太在意，最多是要了一个参与权或知情权，所以和风投比，众筹表面上是融资，背后更多的是融人、融关系、融资源、融背景，通过这种方式让参与者有一种股东的感觉，让他们部分地参与公司经营，从而调动他们的资源，促进公司和项目的发展。

众筹容易产生的问题

众筹，顾名思义就是有很多人融资进来共同做事。当一个项目有太多的人投资时就很容易出现股份高度分散的问题，当股份高度分散，就会出现人人有股份等于人人没股份的现象，最终的结果就是有好处的时候大家一块儿分享，没好处的时候，遇到困难的时候大家就都各奔东西，比如武汉的CC美咖。股份的高度分散相应地还会带来一些不良现象，就是股东们一起吃大锅饭，都不干活，或者小股东搭便车，"我啥也不管，光等着分钱就行了"，可以说是大多数参与者的心理写照，因为参与众筹的人大多还各有自己的一摊子事情要做，倘若投了钱啥事不用管，不用操心，还能分红，何乐而不为呢？所以众筹很容易成为滋生人们"乐得偷懒"心理的一块土壤。而且，当股份高度分散，没有大股东的时候，也容易出现实际控制一个人说了算的情况，一个原因是上面说的大家都忙，没有时间，还有一个原因是小股东们可能会因为投的钱也不多，一种爱面子的心理，挣钱多少都无所谓了，有点听天由命的感觉，自动放弃了自己的权力，假如小股东们都是这样的心理的话，公司就容易被一个人控制，成为内部实际控制人，也就容易导致众筹项目的失败。所以我们在考虑股权众筹的时候，要尽可能地去规避上述这几个问题，减少不必要的内耗和损失，让众筹项目走向成功。

众筹的股权设计

众筹的股权设计，最忌讳的就是股权高度分散，不管是成熟的还是新的项目，都要有几个关键的大股东。如果是已经运行的项目，或者这个项目运行得很成熟了，最好要有一个控制人，让这个控制人拿出一部分的股份，比如30%～40%，面向50～100个（或者更多）有能力的人融资，这样的设计是比较合理的，因为这样会有一个实际的大股东。如果是新项目众筹，需要有一个发起人，发起人要占大股，比如30%～40%，其他人可以占到0.5%～1%（最好的方式是折算成股数），这样设计也可以，但是这里有一个问题，如果一个众筹项目拿出30%～40%的股份去向很多人融资，这个时候如果大家都互相不认识，一般情况是没有人愿意出资的，所以可以找一个有影响力的领投人，借用他的影响力，他可以多投一点，但是要比控股股东的股份少得多，比如10%或8%，别人看领投人投了，自然也会投，这是利用一个人的影响力来吸引别的投资者。所以众筹的股权设计基本上可以按照这三种模式来设计；一种是一个大股东下面有无数个分散的小股东；一种是一个发起人大股东和一个领投人，下面再跟一群小股东；一种是有一个发起人大股东，下面有一群小股东。

持股方式怎么设计

如果这么多股东都进来了，我们的持股方式怎么设计呢？

第一个方式就是投资人直接进入，和原始股东有同样的地位，直接持股。根据中国现在的法律规定，股东直接进入的话，如果是有限责任公司，不能超过50个股东，股份公司不能超过200个股东。直接进入成为公司的股东，最大的好处就是这些众筹的参与者有真正的股东身份，但是不好的地方就是股东太多容易产生纠纷，一旦产生纠纷会影响公司的实际经营。第二个方式是间接持股。间接持股就是参与众筹的这些股东进到你的持股平台里，这种持股平台通常是有限合伙制企业（领投人可以做GP），通过这个持股平台然后再投到这家公司，这就是间接持股，这个方式也很好，间接持股的好处是这些股东是在另外一家公司持股，不直接成为众筹公司的股东，万一有矛盾的话对这家众筹公司不会有影响，不好的是这些股东不是直接股东，会影响做股东的感觉，在设计持股方式的时候这些都是可以综合考虑的。

如何开展工作

当上述这些工作全部做到位之后，就面临在一起怎么开展工作的问题了，这就需要建立相应的规则，比如大事谁说了算。通常公司的大事，都是股东会说了算，公司重大决策的事由董事会说了算，要选几个股东代表成立董事会，日常的经营一定要一个人说了算等。这样把规则定好了，大家一块儿遵守、执行，相互配合，公司的经营就会慢慢有秩序，如果不这么做，大家都想说了算，互相拆台，不配合，也就谁说了都不算，徒增烦恼和内耗，最后把公司拖垮。

众筹，让心怀各自梦想的陌生人走到一起，也给了人们各种人性的考验，真的搞懂众筹的利与弊，搞懂众筹成功以后需要做的事情，于人于己都将是利好。无论什么时候，我们都不要感情用事、意气用事，而是要用规则去约束所有人的行为，规则其实是一种理性的表现，是对所有人的一种保护。现在社会上流传的下面这段话也是很有道理的："要尽可能地不把兄弟感情放到工作中去，把残酷的一面放到制度中去，不要用兄弟感情去追求共同利益，把所有的感情都放到规则中去，不要期望你和别人一条心，合伙人都是有限的。

轻松筹——有梦想你就大胆地"说"出来

　　小板砖是成都的一帮大学生创立的项目，也是真正意义上的草根创业项目。团队成员中，只有两个有工作经验，曾在日本一家公司上过班。在日本，他们发现酵素市场前景可观，于是决定回国自己干。但是启动资金只够前期做配方采购原材料，后期销售酵素粉末所需的包装盒费用没有着落。而市面上做包装盒的企业都是传统企业，需要预付款才能开模生产。年轻的团队决定使用众筹的方法筹集资金。他们找到国内几家比较有名气的众筹平台，结果碰了一鼻子灰，人家对小板砖这样的大学生草根创业项目不屑一顾。多次碰壁后，团队后来在轻松筹平台发起了众筹。

　　小板砖项目用了股权众筹和产品众筹相结合的模式，通过众筹既卖产品，又卖股份。股东只要花599元，既可以买到三盒酵素产品，还可以拥有小板砖0.1%的股权！（只限30份）其实小板砖卖的三盒产品，就相当于是送给股东的试用品。他们既借助了股东的力量做了产品传播，同时又筹到了资金，可谓一箭双雕。对于股东来说，既买到了产品，又获得了股权，也是很不错的体验。这种共赢的思维，很受欢迎。

　　在轻松筹的平台上，小板砖已经成为一个经典项目。它只用了1天的时间，就筹到了37万元，远远超出预定3万元的目标。更值得一提的是，经过几个月的经营，目前30个股东中有4个成为了酵素产品的区域代理。目前，小板砖的二期融资正在进行。

　　在小板砖筹资成功的过程中，轻松筹平台的价值究竟体现在哪里呢？轻松筹为小板砖做了哪些包装？这里面大有文章。

基于大数据的精准分析

轻松筹是杨胤的第二次创业,也是她做天使投资时发现的项目。早些年在互联网最火的时候,她也曾创办过一家公司,但只做了8个月就被一家美国公司收购了。

在IDG前后工作过15年、最高做到副总裁的她,练就了一双慧眼。当2012年国外刚开始出现众筹业的时候,杨胤就感觉它将来会是创业的热门方向。但是她同时也领悟到众筹最大的挑战在于怎样获得陌生人的信任。尤其是当项目只是有一个想法的早期阶段,要获得陌生人的支持还是蛮难的。

"在中国做众筹和美国完全不一样,中国是关系式,很多项目都是从熟人开始的,像微信,就是从朋友圈开始做起来的。所以我们对轻松筹的最初定位就是朋友圈里的小生意,就是希望帮助大多数人实现小梦想,"杨胤说,"为什么叫轻松筹呢?因为标的不是很高,梦想也不是那么遥远,操作起来很容易。发起人只要把自己的梦想'说'清楚就OK。"

为了让项目发起人清晰地描述自己的梦想,轻松筹平台有一套模版,比如要干的是一件什么事,打算怎么干,筹多少钱,筹到钱之后具体用在哪儿……运行一段时间以来,杨胤发现大众的奇思妙想真是令人叹服,完全超出了自己的想象力。"我们也希望平台以后除了普通大众之外,能朝帮助小微企业投融资方向发展。"

截止到7月28日,轻松筹的注册用户超过60万。随着平台用户越来越多,轻松筹需要做的事情也很多。像风险控制、模式的设立、筹资时间等,都要给项目发起人做一些指导。比如对于一般的项目,筹资时间设定为7天就可以。杨胤介绍,定价以及配股都是有讲究的。定高了,股东会犹豫要不要投,定低了自己吃亏。而要在7天时间内完成,这需要对市场有精准的判断。

对轻松筹这样的技术型平台来说，能通过以往的数据积累找出规律，从而做出精准的数据分析。比如说开店，就有成型的模式可以套用，操作起来很容易。如果是全新的领域，就需要和项目发起人一起探讨。可以说，基于大数据的积累做精准的分析，是轻松筹的核心竞争力之一。当然，对风险控制的标准和思维，是轻松筹未来需要着重发展的。

"我们是严格以互联网金融企业的标准来要求自己，作为技术型平台，我们设立了很多的规则，有长期做小微企业贷款的世界银行给我们当顾问，帮我们理清小微企业风险评估。"杨胤说，"我们要保证投资人的利益，同时也要去发现小微企业的需求到底在什么地方，只有帮到了小微企业，投资人才能够获得收益。这些我们都在一步一步往系统化方向推进。"

目前，轻松筹已经和全国14个省的30多家银行签订了协作合同。

普通人的造梦空间

自上线以来，轻松筹平台帮助很多人实现了梦想：比如10个月前，升登永发起的"古法炮制九蒸九晒黑芝麻大蜜丸"，目标筹资3万元，实际筹资51798元，支持53次；8个月前，康素发起的"写烂诗画烂画"，目标筹资3万元，实际筹资30231.96元，支持121次；2个月前，9173奇游互动发起的"香龙三国"，目标筹资10万元，实际筹资130860元，支持155次……

"我希望轻松筹平台真的能够帮助到很多有创业梦想的人，不是为了弄钱，而是希望做事情。"所以在轻松筹平台上我们能看到很多公益项目。为什么会有这么多人愿意在轻松筹平台上发公益项目呢？杨胤解释，就是因为轻松筹能让普通老百姓参与进来，是真正帮助普通人的平台。"坦率讲，轻松筹平台的项目失败率更高一些，因为我们不做秀，不让人刷单，我们是一个自主的状态。"

项目要筹资成功，对梦想的表述方法是有一定技巧和经验的。在语言表达方面，其实和目前流行的方式恰好相反。其他众筹平台靠的是流量，轻松筹靠的是用户的社交关系。所以精美的图片和煽情的语言成功率反而不高。真挚朴素的语言往往更能打动人，因为有人情味。"当你的梦想足够真诚的话，一定能感动你的亲戚、朋友和身边的人。如果你的梦想不够真诚，连你的亲人朋友都不能感动，凭什么感动陌生人呢?"

杨胤给记者介绍，西山学校有几个中学生在轻松筹发的项目基本上个个成功。他们是学校的社团成员，因为搞活动缺钱，所以就尝试众筹的方法，后来发现效果不错，索性成立专门帮助各个社团筹资的社团。

圆了普通人的梦，轻松筹自己的梦想也就实现了。从盈利模式来看，佣金是一个方面。杨胤推算，如果一个企业按照30万的融资规模来算的话，只要做到1万个企业的体量，就有30个亿。从30个亿的融资额中，收取相应的服务费管理费，也是不错的收益。"当达到一定的体量以后，就一定会有盈利。"

此外，轻松筹正准备成立一只引导基金，当发现好项目之后，就会去投资这些项目。"如果将风险控制做得更好一些，投资管理做好一些，大家都受益的事情，没道理做不大啊!"对于未来，杨胤信心十足。

轻松筹现在处于扩展期，IDG和同道资本都投资了。接下来，会做下一轮的融资工作。众筹是个大市场，机会还是很多的，就看大家怎么玩。

第七章

摸着石头过河

——众筹的法律风险与防范

众筹风险分析

对股权众筹平台而言，风险管理是核心。政策未定，最大的难点在于风控。

众筹机制不完善的风险

众筹的出发点就是尽量拉近资金供求双方的距离，减少各种中介的作用。在理想状态下，创业者无需应付复杂的金融条款和高昂的融资成本，投资者（消费者）可以根据自身的经济实力、意愿和喜好直接进行投资。

传统的商品预售遵循合同法、消费者保护相关法律法规的要求。如果商品售卖者不能按期交付商品，或者交付的商品质量不合格，相关的赔偿、退款和召回程序有明确的法律可依，消费者损失的只是时间成本。但在商品众筹模式下，消费者的预付款兼具预购、投资和资助性质，一旦出现违约，如何挽回损失，是个悬而未决的问题。在法律适用方面，创业者、消费者和平台的意见也不统一，因此当前商品众筹的消费者保护处于模糊状态。

而如果严格按照传统商品预售的条款来要求商品众筹，就会极大地增加创业者的成本，抑制其创新动力，失去了众筹在降低交易成本、鼓励创新方面的巨大价值。从客观形态上，商品众筹介于投资与预购之间，如何针对这种特殊形态提高信息披露水平、警示消费者风险、督促创业者履约，需要平台提供明确、合理的机制。这一机制的缺失，放大了消费者的风险，也导致平台与创业者的道德风险。

在股权众筹方面，情况更加复杂。传统资本市场有一整套完整的程序来尽可能地帮助消费者规避投资风险，如尽职调查、信息披露、财务审计、股东大会等，由各种金融中介辅助完成议价、定价、交易、股权流通等各个环节，减少投资人和企业之间的信息不对等。

例如股票市场的IPO过程，承销商承担企业的尽职调查工作，会计师事务所对企业的真实财务情况进行梳理和审核，律师事务所确保所有合规性问题，最后承销商与企业共同确定股票的发行价格区间，监管部门则对整个上市过程进行监管。即使是非公开发行，企业也需要对专业投资者公布这些经过专业机构背书的财务、法律等核心信息。如此苛刻的程序，主要目的就在于保护投资者，防范各种风险。

在股权众筹模式中，传统金融市场的这一套的程序被压缩和精简，所有环节均通过投融资双方的直接交流进行。投资者只能依赖自身的信息管道和过往经验做出风险与收益判断。最简单的例子是，股权众筹项目具体的出让金额和股权比例都由发起人单方面设定。即使众筹平台前期做出一定的调查和协调，例如确定商业计划和发行价格，其中科学性和专业性仍值得怀疑。

投资者只拥有决定是否投资的权力，缺乏足够的信息获取、风险判别和风险定价的能力，是股权众筹的最大风险。美国的JOBS法案刚面世时就曾遭受质疑，原因就在于其中的某些条例（如放宽对企业的财务审计要求，允许营收额在10亿以下的企业无需按《萨班斯法案》提交财报，企业可以采取秘密上市方式，在期限内无需公开上市申请材料等）被认为过于宽松，容易造成欺诈，缺乏投资者保护。

众筹机制的不完善还体现于投后管理。创业投资是一种结合技术、管理与创业精神的特殊投资方式。投资人（消费者）的目标是追求特定条件（例如特定资金量、特定时间周期）下投资回报最大化，创业者追求的是自身效益最大化，两者并不完全一致，导致双方均可能存在道德风险，例如投资人盲目追求回报而试图杀鸡取卵，创业者我行我素而罔顾投资方的利益。

在众筹模式中,由于决策权不对称和信息不对称,消费者处于弱势地位,因而遭受道德风险侵害的可能性更大。尤其是在资金投入之后,如何约束创业者按照事先约定合理使用这些资金,并尽最大努力保证消费者的回报,需要相关的程序与制度安排,其核心是消费者、创业者与平台共同设计一套有效的创业资本契约,通过适当的约束与激励机制协调三者的共同利益,有效制约创业者的道德风险。

当前,许多众筹平台正积极改善投后管理,例如某些平台会要求创业者在融资成功之后定期提交项目进展报告,包括具体的资金使用、日常产品开发、公司事务、人员变更等情况,部分平台还会定期举办线下交流活动。一些股权众筹平台提供了股票托管服务,帮助投资人处理相关的琐碎事务,定期通报公司状况等。领投人制度则指定专人监督、通报公司运营,甚至直接参与董事会。但总体而言,众筹模式的投后管理还有很长的路要走。

传统的投融资管理与消费者保护制度利弊互现,众筹模式正是为了消除其中的弊端而进行的创新,其目标是更加开放、平等和自由。由此导致新的问题并不出人意料,突出表现在消费者保护原则不清晰,手段不健全;信息披露机制不够健全、规范,消费者与创业者信息不对称;投后管理薄弱,创业者的道德风险难以有效制约。总结起来,就是一种新的融资方式已经创造出来,相应的运作制度还未完全跟上。

当然,用尚处于襁褓期的众筹模式与成熟的传统金融模式严格比较,并不完全合适,更不意味着互联网众筹弊大于利,因为后者经历漫长的制度演变和历次危机的试错改进方才达到今日的成熟阶段。但是,众筹的发展亟需不断完善自身机制,逐步降低消费者风险,增强消费者保护。在达到这一目标之前,消费者应有清醒的认识,理性对待众筹投资,加强风险管理与自我保护意识。

众筹项目的执行风险

项目延误乃至失败是众筹平台上最常出现的问题，由于众筹项目的产品大多具有很高的创新性和独特性，项目发起人往往因为个人经验、技术基础、生产工艺、生产经验等客观制约导致工期延误，无法按期交货。相对而言，这类问题由于受制于外部因素，对消费者的伤害较轻，消费者也易于理解和接受。

较为严重的情况出现在项目发起人因为懒惰、不负责任等主观原因导致的延期交货或者滥竽充数——投资人拿到的产品与最初宣传或者展示的样品差距甚远。这种情况与网络购物中出现的商品与描述不符非常相似，网购可以依靠担保支付、差评、运费保险等来控制风险。而众筹模式往往附有发起人可以修改设计或产品内容以最终实物为准的条例，消费者的地位非常弱势，面对此种情况往往无可奈何。

从机制上讲，更为严重的情况是难有可量化的规则来判断一件产品究竟是出于主观故意的粗制滥造还是受限于客观条件而不得不做出的修正，所以众筹平台并无足够手段保证投资者的满意度。而众筹模式缺乏合适的退出机制，没有退款手段，甚至也不拥有天然的退货权利，某些产品连售后服务或者维修等都无法保证，这更加剧了消费者的损失。

国内外的众筹网站都为此采取了一些措施约束项目发起人。例如一些网站在筹资目标完成之后并不一次性的把资金交付给发起人，而是采取分期付款的方式，项目发起人必须在展示阶段性的成果之后才能够获得下一期资金。

Kickstarter也曾为此修改网站规则，要求项目发起人必须强调风险和挑战。但这些要求难以具化、落实，除了强调平台的监督作用和对项目的前期调查之外，Kickstarter并无更好方案。最终的处理方式，还是不得不把判断和鉴别的义务交给用户，Kickstarter称"用户对上线项目享有最终决定权",言外之意就是投资者要对自己的决定负责任。

国内的点名时间上也在网站上标注出"项目发起人有责任履行他们对项目所做的承诺。点名时间在项目上线之前会做细致的实名审核,并且确保项目内容完整、可执行、不是天马行空等,确定没有违反项目准则和要求。"同样,"点名时间无法保证项目发起人是否有完成项目的能力,也无法保证项目100%能执行。"点名时间规定"当项目无法执行时,项目发起人有责任和义务通过点名时间退款给大家。点名时间会在项目筹资成功后起到监督和督促的作用"。

但是,除非项目在无法执行时,资金还有余额,把这些余额按比例退给投资人尚有可能,而此时,往往大部分的资金损失已经造成,所退资金无非是对消费者的心理安慰。如果要求创业者全额退款,或者提供一定赔偿担保,则又失去了众筹鼓励创新、支持创业的初衷,提高了融资成本,轻重之间的平衡殊难把握。

总体而言,项目因执行不力出现违约,既存在显性成本,如项目发起人无法通过产品获得更多收益;也存在隐性成本,例如下次再发起项目融资的难度会急剧增加。这些成本会对创业者形成一定的制约,但众筹平台项目跟踪、管理能力的薄弱,难以尽早揭示执行风险,无法区分项目失败的主观原因,或者在项目失败后束手无策,导致创业者的违约成本低,是众筹模式面临的突出问题,也是大量消费者不得不承受的主要风险。

众筹平台的道德风险

众筹平台的收入依赖于成功筹资的项目,因此它容易存在降低项目上线门槛、允许更多项目进入平台进行募资的冲动。这种冲动在股权众筹中更易滋生,因为股权众筹的投资回报周期长,回报不确定性高,投资者自担风险的宣示强。更严重的问题在于,众筹平台可能会疏于资料核实或尽职调查,导致错误资料误导投资人。如果这种情况发生，投资人很难对平台进行实质性的追偿，因为举证会非常困难，而要界定众筹平台是出于主观故意还是客观疏忽，则更加困难。

从众筹平台的业务性质上讲，它首先是信息中介。但是这一信息中介应掌握、核实、披露多少信息并无严格规定。在创业者与平台之间，平台与投资者之间，均存在信息不对称，这些不对称就造就了众筹平台道德风险的温床。

目前对众筹平台的法律争论集中于平台地位与合法性问题，包括众筹平台的登记注册等事项，对众筹平台的经营限制主要是不能在自己的平台上为自己的项目融资（即"自融"），整体上缺乏非自融项目的运作细则，也没有清晰界定众筹平台在一般项目上的责、权、利，因而并未消除众筹平台的道德风险。

事实上，众筹平台要维护两方面的平衡，其一是项目准入门槛和分成收益之间的平衡，其二是项目发起者和投资者之间的利益平衡。前者决定着众筹平台的短期收益，后者决定着平台的长期收益。目前并无既定规则限定众筹平台究竟应在多大程度上介入项目的标准制定和投融双方之间的协调，但从长远角度，非常有必要对众筹平台的基本商业模式做出一定的限制，设立一些约束性指标，避免平台可能出现的、无视道德风险的过度自私冲动和利己行为，并防止出现恶性竞争，导致逆向选择。

众筹网站从无到有，功能从简单到逐步完善，归结起来都是从最基本的消费者与投资者需求出发，以商业利益为诉求，自然而然发展起来的。平台的约束和管理尚处于基于商业伦理的自发阶段。众筹行业的发展必然会催生更多众筹平台，不规范平台、事件的出现无法避免。如果放任自流，消费者的利益必然受到严重损害，进而导致整个众筹行业的形象与利益受损。

投资者维权难的风险

投资者权益保护是一个体系性的问题,在以上的机制风险、项目风险和道德风险部分都有所涉及。除此之外,众筹模式下投资者权益保护的棘手之处在于损失的认定、举证、计算与追偿都比较困难,因而维权成本高昂,投资者有不易维权的风险。

以股票市场作为对比,股票市场本着"风险自负"的原则对普通百姓全面开放,但由于相关程序、规定极为严格,数据保存与信息披露制度相当完善。因此无论上市公司还是股票交易所出现违法、违规行为,导致投资者出现损失,认定与举证相对容易,损失的计算与追偿大多可依照法律法规直接进行办理。而对于股权众筹来说,如上文所述,几乎不存在财务审核、信息披露的规范,想对损失进行举证非常困难,后续的损失计算与追偿更加困难。

再以商品众筹为例,项目失败是大概率事件,但项目失败本身并不是对投资者权益的侵害。真正损害投资者的行为来自两个方面,第一是项目发起人故意做出误导性宣传,项目风险提示不足;第二是项目发起人自我认识不足,过分乐观或过度承诺(overpromised)。二者之间的界限很难区分,而通过各种交流机制,判断项目发起人或者团队的实力是否有可能完成项目,本身就是众筹投资者的职责,是投资能力和投资技巧的门槛。这种情况导致,即使出现创业者的主观恶意,平台也往往归咎于投资者的能力不足。既然损失认定都难以成立,后续的举证、估算和追偿只能是无本之木,投资者也只好自认倒霉。

至于性质恶劣的诈骗行为——主要表现为编造身份,虚构各种材料和证明文件,乃至伪造不存在的产品与设备等,在众筹平台上还比较罕见。

Kickstarter平台比较典型的案例是一个名为"Mythic: The Story of Godsand Men(神话:神与人的故事)"在线游戏项目。项目发起人声称他们的团队"Little Monster Productions（小怪物制作）"是好莱坞最富有经验的12个开发团队之一。该项目的募资页面写着"我们的团队在World of Warcraft系列和Dablo 2的开发中有过大量的工作经验"。但这个项目很快被揭穿是一个彻彻底底的抄袭行为，支持者回报中的内容完全从Kickstarter上的另外一个项目复制过来，甚至页面中开发团队的办公室也是另外一个游戏开发团队Burton Design Group的。项目筹资目标是8万美元，在获得4739美元的支持之后，Kickstarter移除了该项目。

这一诈骗事件幸被及时发现，未导致投资者的直接经济损失。如果在项目筹资成功、"创业者"资金到手之后，人们才发现这是一起诈骗事件，如何进行追偿，是一个值得深思的话题。因为诈骗者可伪造所有资料，连身处何方都难以确定，抓获成本很高，可能旷日持久，而众筹平台又没有相应的保险、预先赔付机制，投资者是否能追回损失很难确定。

而对于诈骗性质没有这么明显的案例，如果需要投资者与项目发起人对簿公堂，涉案金额小，每个投资者的投资额更低，又要承担案件花费和起诉失败的风险，投资者是否有足够的动力和精力、金钱去打这样的官司，也值得怀疑。因此，种种因素制约之下，众筹投资者的维权难将是一个客观现实，同样提升了投资者的风险。

在投资者之外，甚至创业者都可能遭受诈骗风险。

例如2013年11月，一家关注众筹行业的资讯网站Crowdfund Insider称，Kickstarter上的某个支持者投资了超过150个项目，项目发货之后，该支持者通过撤销信用卡交易撤回了这些投资。通过这种方式，支持者在未付出任何成本的情况下得到了大量"预购"的商品。这种手法实质上是信用卡诈骗，导致超过150个项目受到影响，金额可能达到10万美元以上。Kickstarter官方尚未证实这一事件，很多项目发起人却借机在论坛上公开表示他们对Kickstarter的不满，认为正是Kickstarter流程上的失误给诈骗造成可乘之机。

类似的流程纰漏将会随众筹平台、项目数目的增加而逐渐显现，也可能会随着平台监管与规则的逐步完善而趋于平稳。归根结底，对消费者权益的有效保障是一个长期过程，是行业逐步成熟和趋于完备的必经之路。上述消费者的各种风险不容忽视，有赖众筹平台和监管部门共同对待、认真探索。

股权众筹在不同运行阶段的风险

审核阶段

对于发起人项目信息的真实性与专业性，众筹平台在审核过程并没有专业评估机构的证实，项目发起人和众筹平台间具有的利益关系（众筹平台在发起人筹资成功后，从其所筹资金收取一定比率的佣金），很可能使其审核不具有显著的公正性。众筹平台在其服务协议中常设定了审核的免责条款，即不对项目的信息真实性、可靠性负责。平台项目审核这一环节实质上并没有降低投资人的风险，投资人由于事前审查，很可能需要花费大量的成本以降低合同欺诈的风险。

我国法律对非法集资的认定为：未经部门批准或借合法经营为由，通过媒介向社会公众（不特定对象）宣传，承诺未来给予一定的实物、货币、股权等作为回报的筹集资金的方式。股权众筹是借助互联网平台通过买卖股份实现投融资的过程，若要符合法律法规，需要解决"不特定性"问题。由于互联网的公开性和交互性，使得股权众筹期初面临的投资者总是不特定的，为了不触及法律红线，众筹平台必须通过一系列的实名认证、投资资格认证等方式将不特定的投资者转化为特定的具有一定资质条件的投资者。

项目展示与宣传阶段

项目发起人为获得投资者的支持，需在平台上充分展示项目创意及可行性。但这些项目大都未申请专利权，故不受知识产权相关法律保护。同时在众筹平台上几个月的项目展示期也增加了项目方案被山寨的风险。

项目评估阶段

项目的直接发起者掌握有关项目充分的信息以及项目可能的风险，为了能顺利进行筹资，其可能会提供不实信息或隐瞒部分风险，向投资者展示"完美"信息，误导投资者的评估与决策。项目发起者与投资者信息不对称导致投资者对项目的评估不准确。

项目执行阶段

众筹平台归集投资人资金形成资金池后，可能在投资人不知情的情况下转移资金池中的资金或挪作他用，可能导致集资诈骗罪等。众筹平台一般没有取得支付业务许可证，但一些平台却充当支付中介的角色，违背"未经中国人银行许可，任何非金融机构和个人不得从事或变相从事支付业务"的法律法规。

项目发起者在募集资金后，可能没有兑现项目承诺，甚至将资金挪作他用，平台投后管理不足导致投资者资金损失；发起人获得筹资后，资金的用途、流向若无法得到投资者的有效控制或发起人对资金的使用不受法律约束，也将导致投资者资金损失。

众筹项目有一部分技术处于开发阶段或技术试验阶段，如果研发生产出来的产品无法达到预期的功能，或者产品的瑕疵多，项目的投资者将会蒙受损失。现代知识更新加速，新技术的生命周期缩短，若一项技术或产品被另一项更新的技术或产品所替代，或者实力雄厚的企业率先研发生产出类似产品，发起人的项目价值将大为下降，投资者也有可能面临损失。

发起人自身综合素质有限，未能很好地落实项目方案，导致项目经营失败；投资者在对项目监管过程中，与发起人沟通不畅，阻碍了项目的正常经营。

股权众筹投资的风险来源

如果每个人都参与股权投资，将会是一件非常危险的行为。如果投资人没有专业的能力和充分的退出机会，那么股权众筹投资和赌博没有本质的区别。这是因为，一方面，投资人需要有足够的专业能力在投资前深入调查众筹企业、在投资后监管众筹企业。另一方面，如果投资人很难有途径出售手中的股权，那么他便没有机会退出变现。

1.专业能力不足

通常，初创企业的资金一般来自三个方面：自有资金（包括家人朋友提供的资金）、天使投资人、风险投资。现在股权众筹提供了第四种资金来源。股权众筹和天使投资、风险投资一样，都是创业者和创业企业的外部资金。但是，正如沃顿商学院教授LukeTaylor所认为的，股权众筹导致了投资人的普遍化，一般情况下，比起专业的风险投资人或天使投资人，普通人没有足够的能力从坏公司中筛选出好公司。

2.退出渠道匮乏

股权众筹投资人的投资回报，可能有分红、并购、IPO上市三种形式。

（1）分红：众筹企业如果有利润，而且公司决定分红，那么众筹股东可以根据持股比例得到一定的分红。

（2）并购：众筹企业被其他公司并购，比如股权或者核心资产被另外一个公司收购，众筹股东可以根据其持股分享到收购的价款。

（3）上市：众筹企业如果成功地上市，那么众筹股东就可以在公开证券市场上出售自己持有的公司股票。

对于分红，一方面，众筹股东持股比例通常非常低，可获得的分红也会非常少；另一方面，初创企业的利润又往往相当微薄，甚至长期不盈利，乃至亏损，分红的投资回报也就成了镜中花。

对于并购和上市，绝大部分初创企业都会在五年内垮掉，能成功被并购和上市的是极少数。在欧洲，2012年只有15%风险投资通过并购实现了退出；通过IPO退出的几率更低，只有5%。并购和IPO对于众筹投资人来说，很可能也只是水中月。

股权众筹的风险管理与控制

一个完整的股权众筹项目，在各个阶段都可能存在对众筹投资人不利的情况。必须在各个阶段，都要加强对股权众筹项目的风险管理与控制。

考察众筹企业

投资前对企业进行尽职调查，是确保投资回报的一个重要因素。有报告表明，尽职调查时间在20小时以上的投资项目，其投资回报会高于尽职调查时间不足于此的投资项目。在投资一家企业之前，风险投资人或专业的天使投资人一般都会对企业进行尽职调查。这种尽职调查可能需要相对较长的一段时间，也需要花费一定的成本。但是众筹投资往往没有真正意义上的尽职调查。

众筹投资人本人，大部分也都不是专业的投资人，不具备正确评估一家公司的专业能力。如果聘请第三方进行尽职调查的话，由于众筹投资人的投资金额一般比较小，也不太可能承担得起这样的成本。

此外，众筹投资人在考察投资对象时，可能会受到社会潮流和羊群效应的影响，盲目跟从其他人的投资决策。而且，在实践中，无论是投资人还是众筹企业，都会存在盲目高估投资回报和企业前景的心理倾向。

对股权众筹融资项目进行估值

众筹企业准备进行股权众筹融资时，对其市场价值的评估通常是企业自己确定的。众筹企业一般倾向于抬高自己的估值。但很多时候，众筹企业拥有的只是一个商业计划书，甚至仅仅一个创业点子，而这些本身是不值钱的。

众筹投资人投资金额不大、缺乏议价能力，且投资人人数众多、难以协调一致行动，因此众筹投资人通常不太善于与众筹企业协商估值问题。如果对企业没有正确的估值，那么即使企业发展成功了，投资人也很可能得不到预想的投资回报。

在投资协议中设定投资人利益保护条款

由于初创企业具有极高的投资风险，在专业人士或风险投资人签署的投资协议中，必须学会设定保护投资人利益的条款。比如，对赌条款、反稀释条款、优先权条款、跟随权、回购权等。股权众筹投资时，投资人签署的投资协议，要么是众筹平台统一提供的模板，要么是众筹企业提供的格式合同，前述投资人保护性条款很可能不会出现在股权众筹的投资协议中。

投资后的监督和管理

天使投资人和风险投资人对创业企业的作用，不仅是投入资金，还会提供资源，包括积极帮助企业改善管理、开拓市场、提升企业价值，从而使其投资增值。众筹投资人可能也会对企业提供这样的支持，但是通常其支持的力度会远远小于专业的投资人。原因在于：一方面，由于各个众筹投资人的投资金额不大，其很可能没有积极性参与为众筹企业提供资源。即使企业因某个投资人的帮助提升了价值，平摊到这个投资人身上投资回报也并不多；另一方面，如果太多投资人积极参与，那么对于小型企业来说，去协调和管理一大堆热情高涨的投资人，也是一件非常麻烦的事情，还很可能耗尽了企业绝大部分的精力和成本。

此外，投资后管理中也存在非常严重的信息不对称，这也限制了投资人参与监督管理的可能性。公司法虽然赋予了股东知情权，但是这些知情权都局限在非常宽泛的事项上，如财务报告和账簿，股东会、董事会决议等，众筹股东几乎不太可能有机会了解和参与企业的日常经营。实际上，即使众筹股东掌握到足够的信息，他也可能没有专业能力去辨识其中的经营风险。与之相对应的，天使投资人和风险投资人很可能会在企业中拥有董事会席位，有的天使投资人还积极参与到初创企业的经营活动中来。这种信息不对称，造成了众筹投资人几乎无法监管企业。

最后，股权众筹也缺乏必要的信用体系。如果是网购，由于存在信用评级系统，店家会很注意自己的行为，尽可能遵守基本的商业道德，以保持一定的信用等级，从而有利于长期的商业交易活动。但是股权众筹则往往是一锤子买卖、偶然性交易，通常一个众筹企业或者一个众筹发起人，只会有一次众筹行为，因此其很可能没有足够的动力和远见来约束自己的行为。此外也没有一个合适的平台为众筹企业建立相应的信用机制。

建立良好的退出机制

即使企业顺利实现了并购或IPO，在这之前往往都需要经历很长的一段时间，比如企业做到IPO很可能需要5～10年乃至更久。而众筹投资人通常很可能没有意识到，股权众筹投资实际上是一种长期性投资。

更何况，其中大部分投资是无法收回回报的。在这么漫长的时间里，众筹投资人对企业还缺乏有效地监管，这导致获得投资回报的可能性将进一步更低。

众筹投资人的投资不仅具有长期性，还具有低流动性的特点。众筹企业不是上市公司，其股权无法公开、自由地买卖。众筹企业的经营信息不公开，市场价值无法有效评估，因此众筹投资人很难找到愿意接盘的人；即使找到了，如果没有完善的股权交易系统，那么每个投资人都频繁地进行股权交易，企业将会被这些事务占去太多的精力，以至于影响经营。

相比之下，天使投资人和风险投资人在进入企业时，已经以退出为核心建立了完整的投资策略，比如，通过对赌机制确保必要时股权回购，在后续轮融资时转让部分股权，积极推动企业被并购或上市。这些都是众筹投资人无法做到的。

欧盟各国监管制度

面对众筹市场中的潜在问题，各国在众筹监管制度方面的进程和态度并不一致。一些国家迅速出台或修改法律文件，积极监管，尽量减少规则的模糊性，以意大利、法国为代表；而一些国家则采取观望态度，没有进行主动监管，主要依靠现有规则进行调整，以德国为代表。

各国对众筹存在不同态度可能存在两方面背景原因：一方面，各国众筹市场的发展水平极不均衡。根据欧洲众筹联合网（ECN）的统计，一些资本市场活跃的国家，如法国、德国和英国等，无论是在平台数量、众筹模式还是项目规模方面发展都十分迅速，众筹已成为金融市场的重要组成部分；而一些国家则根本没有任何众筹平台，如克罗地亚、立陶宛、卢森堡、斯洛伐克和斯洛文尼亚，一些国家只有捐赠或奖励类众筹，如匈牙利和拉脱维亚，众筹与投资或金融基本无关。另一方面，由于各国经济发展情况存在差距，作为众筹重要参与者的小微企业发展问题在不同国家的紧迫性不同，因而对众筹重要性的认识也不同。根据欧洲中央银行（ECB）的调查报告，"难以寻找客户"和"难以融资"是欧洲小微企业面临的两大难题，然而其困难程度在不同国家十分不同。希腊、西班牙、意大利等国20%～30%的小微企业面临"客源难"的问题，50%～60%面临"融资难"的问题，而在德国，这两个数据分别为8%和30%，显然前者各国对为小微企业寻找助力的需求更加紧迫，众筹作为解决这一问题的重要途径因而得到了政府的极大重视。因此，由于各国的众筹发展水平不一，众筹需求也不一，所以各国对众筹市场的监管动力、出发点和措施也各有不同。但是，从整体上看，各国基本都在欧盟现行金融和投资法律框架下，对众筹活动和服务所涉及的问题分模式进行监管。

1.捐赠或奖励模式

根据是否涉及金融监管，将捐赠或奖励模式与借贷和股权模式区别对待。捐赠或奖励模式的众筹具有捐助性质，投资者实际上并非为了自己的利益而投资，因而其筹资活动不被视作集体投资行为，所筹资金也不被视作一种投资基金，因此一般不会落入银行法或金融服务法的调整范围。

但一些国家对捐赠类众筹有特别限制，主要根据捐赠法对项目的非营利性和捐赠的自愿无偿进行规制。例如，捷克有奖励类众筹平台，但没有纯捐赠类平台，因为公众募捐活动严格受到《公众募捐法》的约束：一方面，公众募捐只能针对法定的公益目的，如人道、慈善、教育、体育、文化保护、遗产保护、环境等；另一方面，此类活动必须向地方政府申请批准，并且募资后必须定期向政府报告账本和用资情况。斯洛伐克等国也有类似的APC法。而在芬兰，根据《公共筹款法》的规定，募捐活动的发起人有特别的资格限制，必须是在芬兰注册的组织，一般自然人不可，而且发起前必须获得政府的许可。此外，有关汇款服务等问题是各类众筹平台共同存在问题，将在下文统一分析。

2.借贷模式和股权模式

对于涉及金融监管的借贷模式和股权模式，监管焦点在于金融或投资服务监管和银行业务许可两大方面。前者包括与平台所提供的服务性质有关的注册制度、项目发起人的说明书义务，后者包括消费信贷、借贷服务、平台暂储资金和汇款服务等信用机构或银行专有业务的许可制度。

第一方面，金融服务监管问题一般由各国金融服务主管部门负责，依据为欧盟《投资服务指令》、《金融工具市场指令》和《说明书指令》及其各国转化后相应的国内法。一方面，金融服务主管部门负责对平台所提供的服务性质进行认定，决定平台是需要注册还是予以豁免。股权和债券都属于"金融工具"，提供对这些金融工具进行投资的核心服务的主体构成"投资公司"，需要取得相应牌照。其中，核心服务主要包括接受或传达金融工具的交易指令、代表客户执行指令、提供投资建议等，而提供这些特定服务之外的辅助性服务的主体可以构成《金融工具市场指令》第3条规定的任意豁免，由成员国自主决定。因此，提供股权众筹和提供P2B借贷的平台都可能落入"投资公司"的范畴，关键在于平台的服务属于核心服务还是辅助性服务，这就取决于主管部门的认定。目前，各国金融主管部门主要有三种做法：

（1）大多数国家暂无明确认定，如奥地利、比利时和丹麦等，实践中倾向于对涉核心服务的股权众筹平台严格采取牌照制度，借贷平台鲜有被认定为"投资公司"的情况。

（2）一些国家明确规定了注册与豁免的界限，如德国联邦金融监管局BaFin规定平台须进行注册，但投资经纪和合同经纪商可以豁免义务；又如英国金融行为监管局FCA规定平台须进行注册，但从事明确规定的"受监管活动"之外的平台可以获得豁免。

（3）个别国家对众筹平台专门规定了一种新的注册制度。如意大利于2012年12月17日通过了《第221/2012号成长法令II》，规定允许一种新类型的公司——创新初创企业在线融资，并规定唯一合法平台是符合一定设立条件并向意大利证券交易委员会CONSOB注册为"门户"（Portal）的网站，即所谓的股权众筹平台。2013年6月，CONSOB根据法令，发布了名为《关于创新初创企业通过网络门户筹集风险资本的规定》的实施条例，制定了一份独立的"门户"注册登记表，明确了"门户"的注册标准和服务范围，并规定了门户的负责人"门户经理"（Manager）在经营中所负的相应义务。又如法国于10月1日生效的《参与性融资条例》创制了两类新型的牌照，一类是从事股权众筹的平台，应注册为"参与性投资顾问"（CIP），另一类从事借贷和捐赠类的众筹平台则注册为"参与性融资中介"（IFP）。此外，对于那些提供交易市场的众筹平台，则须按照《金融工具市场指令》的规定，注册为提供电子化、网络化证券交易的多边交易设施（MTF），如奥地利和德国的一些股权众筹平台。

同时，金融服务主管部门负责对项目发起人履行说明书义务进行监督。根据《说明书指令》，对于包括一般债务工具在内所有类型的投资工具发行，发行人负有发布说明书的义务，并对义务和豁免规定了最低标准。其中，发行500万欧以上的发行人必须履行说明书义务，发行10万欧以下的一律予以豁免，而数额在两者之间的发行可由各国自行规定豁免标准。据此，借贷和股权众筹项目的发起人都可能负有说明书义务，在这一方面受到主管部门的监管。目前，大部分国家采取欧盟法的一般豁免标准，即对于一个发起人，若12个月内其融资总额不超过10万欧元，则免除说明书义务。少数国家提高了享受豁免的上限，降低了小规模融资的成本，对小微企业起到鼓励作用，如奥地利将豁免上限设为25万欧元，芬兰150万欧元，荷兰和瑞典为250万欧元，而英国和意大利则直接将上限提高至500万欧元。同时，一些国家还对不超过一定数量对象的发行予以豁免，如比利时规定一个项目只面向每个成员国不超过150个自然人或法人发行时可免于义务，法国规定只面向合格投资者和其他不超过149个普通投资者的项目可免于义务。此外，一些国家还对特定模式的发行予以豁免，如德国规定，对发行后偿债务的借贷型项目予以豁免，西班牙则对"联合账户"模式的借贷众筹予以豁免。

第二方面又可分为两个小问题，一是借贷模式可能涉及银行专有业务许可问题，二是对所有众筹平台的暂储资金和转账服务的监管。对于借贷模式，根据借款人即发起人的性质，可以分为自然人借贷P2P和企业借贷P2B两种，其中P2B一般归为企业发行债券，属于上述金融服务主管部门的监管范围，而P2P则涉及消费信贷。根据欧盟《消费者信贷指令》及其各国国内转化法，提供消费信贷服务的主体一般须是具备相应牌照的银行或信用机构，因此，目前大部分欧盟国家都规定从事个人非经营性贷款的众筹平台应当取得信贷牌照，如比利时、匈牙利、荷兰和意大利等国。而在平台运营方面，根据欧盟《支付服务指令》及其各国国内转化法，投资者向发起人所支付资金的转账构成"汇款服务"，因而，如果平台自身提供此类服务就需要取得许可，或选择与具有支付牌照的机构合作，由该第三方执行。目前，各国对于平台的汇款服务主要采取四种态度：一是比利时、丹麦、捷克、荷兰、希腊、法国等国都表示需要取得央行发放的支付牌照，但法国即将生效的众筹法令将对此进行豁免。而在德国，平台的支付服务只需获得德国联邦金融监管局BaFin的许可即可。二是有一些国家认为，根据欧盟《商务代理指令》，平台提供帮助投资者向发起人支付投资款的服务可能落入"商务代理"的范围，从而免于申领支付牌照，如芬兰和葡萄牙。三是极少数国家认为平台的这一服务不构成汇款服务，无需进行监管，如西班牙。四是有国家规定众筹平台上的汇款程序应当与持有相应牌照的第三方合作，如奥地利。

总体看来，虽然各国对于众筹问题的监管尚未得出完全明确的结论，但通过对不同众筹模式的分类，可以进行有针对性的监管。但值得注意的是，欧盟不同国家间的监管主体并非完全一一对应，监管责任如何分工存在问题。如捷克负责对众筹进行金融服务监管的部门是央行，德国对众筹平台汇款问题的监管主体在金融管理局BaFin，而奥地利和英国对众筹问题则统一由金融服务主管部门FSMA和FCA进行管理。行政部门架构的不同，可能会对将来在欧盟层面统一众筹监管标准带来一些组织上的障碍。

众筹活动在欧盟各成员国中发展迅速、形式多样，而基于欧盟的"单一市场"，成员国之间的合作和跨境业务将越来越密切，众筹进一步在欧盟层面壮大规模是大势所趋，因而存在统一监管标准的必要。纵观欧盟各国，监管的焦点主要在于涉及金融和投资服务的众筹活动。目前，除了意法两国已经制定了专门法律外，大多数国家仍在现有法律制度中寻求依据，对于如何对众筹活动和众筹平台进行专门监管暂无共识。不同国家监管制度和思路的不统一，给欧盟立法者提出了在欧盟层面统一标准的难题。欧盟委员会曾于2013年底对整个欧盟众筹市场及监管措施进行调研，得出了各国监管标准碎片化的结论。基于调研，欧委会成立了"欧洲众筹参与者论坛"的高级专家组，目前已有40个成员，包括15个成员国的政府部门和15个社会组织，包括企业、平台、行业组织和消费者保护组织等，专门提供信息咨询和立法建议。

股权众筹涉及到的法律风险

由于目前国家层面以及地方政府层面都没有制定股权众筹的法律法规及规范性文件，一切都是"摸着石头过河"，作为一种新兴的互联网金融业态，涉及的法律风险主要是股权众筹过程中的合法性以及投资人的利益保护问题。

1.股权众筹过程中的合法性

《中华人民共和国证券法》第十条规定："公开发行证券，必须符合法律、行政法规规定的条件，并依法报经国务院证券监督管理机构或者国务院授权的部门核准；未经依法核准，任何单位和个人不得公开发行证券。有下列情形之一的，为公开发行：（一）向不特定对象发行证券的；（二）向特定对象发行证券累计超过二百人的；（三）法律、行政法规规定的其他发行行为。非公开发行证券，不得采用广告、公开劝诱和变相公开方式。"

《中华人民共和国刑法》和《最高人民法院关于审理非法集资刑事案件具体应用法律若干问题的解释》规定的"擅自发行股票、公司、企业债券罪"的构成要件包括：（1）未经国家有关主管部门批准；（2）向社会不特定对象发行、以转让股权等方式变相发行股票或者公司、企业债券，或者向特定对象发行、变相发行股票或者公司、企业债券累计超过200人，即"公开发行"，（3）数额巨大、后果严重或者有其他严重情节的。

从股权众筹的角度来看，如果"向不特定对象发行证券"或者"向特定对象发行超过200人"的，必须经证监会核准。股权众筹这种方式的本质就是面向大众，准确地说本身就是面向不特定的大众；而这又与现行的法律法规是完全相冲突的。在现法律法规的框架范围内，股权众筹想要不触及法律法规的红线，那就需要注意两个红线不能碰，一是向不特定的公众发行股份；二是向超过200位特定的人发行股份。那么，如何来规避现有法律的强制性规定呢？

（1）股权众筹平台不能采取完全开放式的运营模式，应当对用户采取一定的限制，比如实行会员制，并且让会员进行实名登记认证，使不特定的大众转变为股权众筹平台特定的会员，从而避免触及向不特定的公众发行股份的红线。

（2）股权众筹平台仅仅进行股权众筹预约，股权众筹预约后再由众筹平台安排投资人与融资人见面商谈，股权众筹在线下完成，这样股权众筹的对象也可以变成特定的人而非不特定对象。

（3）股权众筹的对象与股权众筹的发起人即进行股权众筹的小微企业的全部股东不得超过200人；如果进行股权众筹的小微企业是有限公司形式，全部股东不得超过50人；因此，进行股权众筹的小微企业在设计股权众筹方案的同时就应当将股权众筹的人数以及需要众筹投资的最低数额考虑进去。

（4）协议代持。一些股权众筹项目在实际操作中采用协议代持的方式，变相地扩大众筹参与的人数，实际上这本身就具有很大的风险，一方面虽然是股权代持，然而实际股东却是超过200人，同样触及了"向特定对象发行超过200人"的红线，另一方面由于股权众筹的投资人来自五湖四海，完全素不相识，股权代持同样隐含股权权属争议的法律风险。

（5）线下组建合伙企业。笔者不赞同这种采取股权代持的方式进行股权众筹，倾向于采取由领投人与跟投人线下组建有限合伙企业的方式进行股权众筹，投资股权众筹企业，这既不违反公司法的规定，又不至于触及了"向特定对象发行超过200人"的红线。当然，最好的方法就是设定股权众筹企业的全部投资人不超过50人。

2.股权众筹投资人的利益保护

股权众筹投资人大部分本身就不是专业投资人，缺乏投资经验，而且投资金额一般相对较小，相对于股权众筹发起人以及主投人而言，往往处于更为劣势的地位，其股东投资权益更容易受到侵害。因此，股权众筹应当优先考虑到股权众筹投资人的投资权益保护。

目前，国内比较流行的股权众筹模式由领投人对某个项目进行领投，再由普通投资者进行跟投，领投人代表跟投人在投资后参与股权众筹企业的经营管理，出席董事会，获得一定的利益分成。这里的领投人，往往都是业内较为著名的天使投资人。另外天使投资人往往会成为有限合伙企业的GP，但是如果领投人参与的众筹项目过多，精力难以兼顾。

解决问题的核心需要股权众筹企业完善公司治理，规范经营，加强信息披露，确保投资人的知情权与监督权。

股权众筹企业在设计股权众筹方案时，应当将众筹股东的退出机制予以充分考虑，而且应当在股权众筹方案中予以披露。

众筹股东的退出主要通过回购和转让这两种方式，如采用回购方式的，股权众筹企业自身不能进行回购，只能由公司的创始人或实际控制人或原有股东进行回购；采用股权转让方式，原则上应当遵循公司法的相关规定，同时最好在股权众筹时就约定好退出的条件以及股权回购或转让的价格计算。

如果出资人直接持有公司股权，则相对简单，但实践中大多采用有限合伙企业，出资人如要转让或退出，就涉及到有限合伙份额的转让。关于这一点，也最好能在投资前的有限合伙协议书以及股权终筹协议中予以明确约定。

3.股权众筹与非法集资犯罪的差异

股权众筹是投资者投入一定的资金，获得公司的股权，获取股权所带来的收益。很显然股权众筹的行为特征和非法集资存在较大的差别。

（1）判断股权众筹和非法集资犯罪的标准是是否承诺规定的回报。

非法集资犯罪通常都以承诺一定期限还本付息为标准，且承诺的利息往往会高于银行的利息，而股权众筹则是项目发起人通过众筹平台召集有共同兴趣的朋友一起投资创业，股权众筹没有承诺固定的回报，其只是通过投资获得相应的股权，从而获取股权所带来的收益。股权众筹还会详细告知投资人应承担的责任或者享受的权利。

（2）判断股权众筹和非法集资的标准还有一个重要的标准就是是否干扰了金融机构的管理秩序。

只有当行为人非法吸收公众存款，用于货币资本的经营，干扰到我国金融管理秩序时，才能认定扰乱金融秩序。而股权众筹募集的资金，往往是投向一个实体的项目，不是进行资本的经营。所以说，股权众筹不是非法集资。

（3）股权众筹与擅自发行证券的差异。

证券，是各类财产所有权或债券凭证的通称，是用来证明证券持有人有权依票面所载内容，取得相应权益的凭证。

《证券法》第二条适用范围明确提到，在中华人民共和国境内，股票、公司债券和国务院依法认定的其他证券的发行和交易，适用本法；本法未规定的，适用《公司法》和其他法律、行政法规的规定。政府债券、证券投资基金份额的上市交易，适用本法；其他法律、行政法规有特别规定的，适用其规定。证券衍生品种发行、交易的管理办法，由国务院依照本法的原则规定。从证券法的规定来看，"公开发行证券"行为仅指"股票、公司债券和国务院依法认定的其他证券的发行和交易"。

股权众筹是为解决小微企业的融资需求，通过众筹平台，向大众召集股权众筹投资人，共同投资股权型项目，其股权不能随意公开转让；且并不是以不正当获利为目的的公开出售股权和股票的行为；并不属于《证券法》所规范的内容，不属于该法提到的"公开发行证券"的情形。

4.股权众筹需要特别注意的几个问题

（1）股权众筹平台不得直接收取股权众筹资金，股权众筹资金必须由托管银行或第三方支付机构收取。

股权众筹平台应当定位于只为融资投资双方提供促成股权众筹居间服务的互联网金融服务平台，应当起到居间中立的作用，股权众筹平台不得直接收取也不得接受股权众筹发起人的委托代收众筹资金，股权众筹资金必须由托管银行或第三方支付机构收取；股权众筹完成后，应当经股权众筹平台书面确认，由托管银行或第三方支付机构将股权众筹资金直接支付给股权众筹发起人即融资人。股权众筹未能在约定的期限内完成，股权众筹平台应当书面通知托管银行或第三方支付机构将股权众筹资金直接返还给股权众筹投资人即通过原支付途径返还给交款人。

（2）股权众筹平台不得为股权众筹发起人即融资人提供任何担保。

股权众筹平台应当独立于股权众筹发起人即融资人，除向股权众筹发起人即融资人正常收取平台佣金外，不得与股权众筹发起人即融资人有其他经济往来，以利于保持独立的居间地位。股权众筹平台更不得为股权众筹发起人即融资人向股权众筹投资人提供任何形式的担保。

（3）股权众筹项目不应当存在由其他第三方为股权众筹投资人提供任何形式的担保。

股权众筹的根本性目的就是为了解决小微企业或项目创意人的创意项目解决融资难的问题，引入低成本资金，促进小微企业的快速发展，增加赢利，从而使股权众筹投资人的股权投资得到较好的回报。股权众筹是一种股权投资金额相对较小、投资风险较大并面向一般小微投资人的普惠金融。股权投资本身也具有投资风险大的特点，普通的公司股权投资也不存在其他第三方提供担保的情形。如果引入其他第三方为股权众筹投资人提供担保，则违背了股权众筹的根本性目的，势必增加通过股权众筹进行融资的小微企业的财务负担，从而也摊薄了股权众筹投资人的股权投资收益，违背了投资人参与股权众筹的初衷；担保一般是指一般债的担保，而股权投资不同于一般债权，引入第三方为股权众筹投资人也违背了股权投资的基本原则。因此，股权众筹项目不应当存在由其他第三方为股权众筹投资人提供任何形式的担保。

延伸阅读：

多彩投——做有情怀的众筹平台

"'地产＋互联网＋金融'这三者的结合还能碰撞出更多火花。我们要以此来改变传统行业，甚至改变世界。"

近年来，众筹成了全球市场上最热门的话题之一。众筹目前每天在全球融资两百万美元。这相当于每小时融资8.3万美元，每分钟1400美元。这样的数据真是对传统融资的巨大颠覆，这种商业模式不仅吸引了投资人的目光，更让新一代创业者寻到了一片创业的沃土。

随着全球众筹融资的发展，中国众筹融资也渐渐火热起来，仅2014年上半年，国内众筹领域发生的融资事件就有1423起，募集总金额18791万元。虽然起步较晚，但中国的众筹融资发展迅速，特别是随着互联网金融爆发式增长，众筹融资有了许多新的尝试，并不断向各个细分领域延伸。于是最近两年，国内各大互联网巨头纷纷涉足众筹领域，占据了很大的市场。但依然有许多创业者在夹缝中看到了新的机遇，开启了独一无二的众筹模式。致力于新型空间众筹的多彩投就是其中一分子。2014年，这个年轻而有情怀的团队终于开启了属于自己的一方灿烂天地。

为有情怀、爱自由的人众筹理想空间

2014年被称为"中国众筹元年"，多彩投的创始团队在这个节点创办了公司真是恰逢其时。

或许是这样的一个事件引起了他们的关注——在美国华盛顿，房地产众筹网站创业公司Fundrise独辟蹊径，将房地产开发与众筹结合起来，利用类似"团购"模式的众筹融资让普通人都可以加入到地产开发行业中，这的确是个让人振奋的好点子，也得到了众多投资者的喜爱。Fundrise因此完成了一轮高达3100万美元的融资，这也在美国掀起了一股房地产众筹热。之后，Realty Mogul、RealCrowd、Groundfloor等同类型的网站都获得几十万到数百万美元不等的融资。

"我们正逢前所未有的机遇，我们的创始团队分别来自传统地产、互联网、金融这三大行业，这三股力量的结合就自然而然就让多彩投诞生了。"多彩投CEO赵耕乾说。

即便如此，多彩投并没有照搬Fundrise的模式，而是在房地产众筹领域寻找了更加细分的市场——青年公寓、联合办公、民宿客栈这三种业态作为切入点，开启了中国新型空间众筹的新模式，多彩投选择的项目首先是环境优美的度假酒店、有特色的民宿客栈、天然绿色的有机庄园这样有设计感且贴近当地文化的项目；其次，多彩投对项目的收益率有较高的要求，稳定且收益率较高是必要的条件；另外多彩投还会对项目的管理团队进行背景调查，保证真实可信。在多彩投平台上，所有的投资项目都是多彩好玩的，那里有墟里乡舍，有小茶姑娘民宿，有南浔江南庭院精品酒店，还有杭州微+客栈，光是景区中优美的自然风光就会第一时间打动你。"从居家到工作，再到休闲度假，我想这一系列都应该让人享受。我们就是为这样有情怀、爱自由的人服务，帮助他们众筹理想空间。这是一件很不错的事情。"作为90后的CEO，赵耕乾的想法别出心裁。

给传统地产注入互联网的基因

赵耕乾口中的那个听起来富有浪漫色彩的商业模式，也许正在影响传统房地产行业的发展。通过互联网的参与，通过众筹的新模式，传统房地产的存在方式或许将发生巨大的转变——不动产将成为动产，并且大大提升了房地产项目的融资效率，这或许正是房地产众筹的魅力所在。

在传统房地产金融从业多年，赵耕乾对房地产行业有着很深的理解，这也是多彩投能避开许多风险的关键。目前商业地产和住宅地产的收益率都非常低，甚至旅游地产也遭遇了前所未有的打击。"现在五星级酒店大都是赔钱的，但我们还是发现了有非常大利润空间的分支——精品酒店，尤其是民宿客栈的生意是非常可观的。既然作为投资平台，投资收益就是最重要的。所以我们把目光集中在以民宿客栈为核心的几个细分点上。"

找到了落脚点，之后的事情便顺利许多。赵耕乾也渐渐从传统行业走进了互联网世界，在与合伙人的头脑风暴中，以及接触并逐渐深入了解众筹行业的过程中，赵耕乾终于找到了一条通往互联网+时代的入场券。截至7月底，多彩投上线项目众筹金额超过2000万，预计今年年底众筹规模超过一亿。

如果没有互联网的参与，短时间内完成这些数据或许仅仅是一次空想。传统房地产融资的效率非常低，"原来我们谈100个客户也不一定能成一单。但现在我们把项目放在线上，一个多月就可以完成众筹一个项目。"这样的效率，相当于传统房地产企业一年的工作。而用互联网思维做房地产项目的融资，无论从产品迭代的速度，工作的效率，还是方向的调整上，都比传统房地产企业更加快速。"互联网思维是要快，我们产品的迭代十分迅速，从决策和迭代速度上看，目前两三个月就相当于过去的一年。这就是'互联网+'的魅力！"

收益与情怀共存的投资平台

在此之前，金融投资一直是一种理性的投资手段，而多彩投的出现，似乎让理性投资中又蕴藏着更多感性的部分。参与多彩投项目投资的用户可以享受到其他投资所无法获得的体验。作为股权投资人，用户不仅可以参与到项目的前期设计之中，每年还将有免费度假的权益，并会在年底获得盈利的分红。一个项目的房间的使用权可以按时间划分成很多份，使用权可以交换，也可以交易，资产和股权可以份额化。比如，在已经完成众筹的大理洱海船长客栈，参与众筹的12个人每人每年都可以当一个月的客栈掌柜，这让用户既能获得收益，又可以在客栈度假享受，还能参与客栈运营的决策。这样的用户体验绝对让你耳目一新。

与此同时，对于项目方而言，当项目在多彩投众筹平台上线时起，就开始了一种新形式的市场推广。平台不仅可以筹钱，还可以筹人，筹资源。这又是对传统地产融资和推广的一个颠覆。

作为90后的互联网新人，赵耕乾觉得目前的所作所为还远远不够，"我们就想做个性化的服务，我们还有很多更高更大的理想。我们不仅仅要做平台，未来我们会整合线上、线下，通过众筹，通过早期对项目的投资和参与来改造我们生活的空间，甚至改变我们的城市。我们要做定制化智慧城市投资发展商。"赵耕乾在创业的道路上激情飞扬，"'地产+互联网+金融'这三者的结合还能碰撞出更多火花。我们要以此来改变传统行业，甚至改变世界。"